# VIE POLITIQUE

DE

# MARIE-LOUISE DE PARME,

REINE D'ESPAGNE.

MARIE Louise de Parme
REINE D'ESPAGNE.

# VIE POLITIQUE

## DE

# MARIE-LOUISE DE PARME,

## REINE D'ESPAGNE,

Contenant ses intrigues amoureuses avec le duc d'Alcudia et autres amans, et sa jalousie contre la Duchesse d'Albe, etc. etc.

Recueillis sur des Mémoires authentiques.

AVEC FIGURE.

---

A LA COUR D'ESPAGNE;

Et se trouve à PARIS chez tous les Libraires marchands de nouveautés.

1793.

*On trouve chez le même Libraire,*

La nouvelle Sapho, ou Histoire de la secte Anandryne, par la C. Roc...., in-18, 6 fig. 1 l. 15 s.

Lettres galantes et philosophiques de deux Nones, publiées par un apôtre du libertinage, in-18, 4 fig. 1 l. 15 s.

On a tiré de ces deux Ouvrages quelque exemplaires sur vélin d'Angleterre. prix, 5 l.

Mémoires de Saturnin, portier des chartreux, 2 vol. in-18, 24 fig. supérieurement exécutées.

— Le même en vélin.

Le Meursius français, ou l'Académie des Dames, 2 vol. in-18, 20 fig. *sous presse.*

# VIE HISTORIQUE

## DE

# MARIE-LOUISE DE PARME,

## REINE D'ESPAGNE.

---

Si dans le nombre des rois il en est qui ont mérité l'aversion des peuples, ceux-là doivent être en horreur à la postérité · mais si quelques vertus éclatantes ont distingué l'un d'eux, l'historien fidèle doit tracer avec énergie et courage le caractère de cet homme rare, dans une condition où l'erreur et le crime marchent de front, où toutes les passions s'agitent et forment un choc perpétuel, au désavantage des peuples. De tous les gouvernemens, le monarchique, s'il est le plus tranquille, est aussi le plus injuste ; et il faut que les hommes ayent été bien peu instruits et bien peu pénétrés de cette vérité, contre laquelle cependant tous les sophismes viennent se briser, que l'homme est né libre, pour avoir consenti à un pareil gouvernement. Le moraliste a lieu d'être étonné de voir, pendant tant de siécles, la sotise et l'erreur élever des trônes à l'ambition, et une foule d'individus obéir à la voix d'un seul maitre. Combien son ame souffre de voir des hommes ravalés à la condition de brutes ! Car quel nom pourra-t-il donner à l'esclave d'un roi ? Et comment mettre au rang des choses possibles l'existence d'un *sujet* ? Cependant les nations les plus civilisées, les plus instruites de la terre, se sont données gratuitement un maitre, et un maitre absolu. Elles ont obéi à des tyrans; et les injustices les plus révoltantes, les barbaries les plus atroces, n'ont pu déchirer entièrement l'épais bandeau qui couvroit leurs yeux. Qu'on parcourre l'histoire de ces peuples qui se targuent d'une sagesse à toute épreuve, qu'y verra-t-on? les crimes de leurs chefs. Un tyran meurt, un tyran lui succède ; de nouvelles cruautés font oublier les précédentes ; et les rois, les ennemis de la vertu, souillent souvent leurs mains du sang de leurs propres sujets ; la superstition triomphe, et la vérité n'ose faire entendre sa voix ; ou si la philosophie veut jetter quelques étincelles de son flambeau sur les ténèbres de l'ignorance, alors le fanatisme, la cruelle ambition s'arment de leurs traits les plus déchirans, et la raison est avilie au point de combattre lorsqu'elle devroit triompher.

L'époque à laquelle nous écrivons cet ouvrage, présente cette lutte honteuse de la raison avec l'odieuse politique. Jadis, dans la France, tout se rapportoit à un seul individu, et le courage d'une nation entière étoit dévoué à faire triompher les projets, justes ou non, d'un homme livré à toute l'impétuosité des passions ; et parce que le Français a secoué ce joug honteux et avilissant, des milliers d'esclaves s'arment pour retarder son triomphe..... Il ne sera que plus éclatant. Le Français ne sera pas moins brave en combattant pour son indépendance, que lorsqu'il combattoit pour les intérêts particuliers de ses souverains.

Tandis que le fer brille de toutes parts, et que nos champs se peuplent de héros, nous, dans le calme de la réflexion, nous cherchons les causes de ces mouvemens extraordinaires des peuples : c'est en étudiant les personnages qui ont quelque influence dans les cours, que nous démêlerons les ressorts de cette insidieuse politique. Il est à remarquer sur-tout, que, dans ce siècle, les femmes ont joué un rôle très-important. L'on ne peut se dissimuler que la reine de France a de beaucoup hâté la révolution.

L'Espagne présente à l'histoire une

femme qui ne sera peut-être pas moins célèbre. Emule en tout de Marie-Antoinette, elle a ses goûts, et elle a commis ses mêmes fautes. Puisse-t-elle être à l'Espagne ce qu'est Marie-Antoinette pour la France, c'est-à-dire, la dernière reine ! Nous allons jeter un coup-dœil observateur sur cette cour superstitieuse. Nous nous reportons sur la fin du règne de Charles III.

Ce monarque, moins injuste que son prédécesseur, qui alluma une guerre qui dura une grande partie de son règne, pour conserver sur son front le bandeau royal, qui lui avoit été donné par un roi mourant et tourmenté par les prêtres, aima mieux combattre et ruiner tout un pays, que de se résoudre à vivre, ainsi que son père, à l'ombre d'un trône. Le démon de l'ambition qui agitoit si fortement le cœur de Louis XIV, lui fit voir un degré de plus de grandeur, s'il pouvoit placer sur le trône d'Espagne un de ses descendans. Aussi accepta-t-il avec joie les clauses du testament de Charles II, qu'il avoit secrètement lui-même dictées qui demandoient pour les Espagnols un maître de son sang. Nous passerons sous silence les traits généraux et particuliers de cette guerre fameuse, connue sous le nom de guerre de succession. Il est utile seulement de dire, qu'après avoir combattu environ dix années, le trône d'Espagne resta dans la famille des Bourbons, et que Philippe V, fatigué de tant de carnage, abdiqua en faveur de son fils la couronne qui lui avoit coûté tant de sang et dissipé tant de trésors...... Charles III, plus doux, comme nous avons dit, que son père, s'occupa de fermer les plaies que tant d'années de persécution avoient faites au corps politique. Il donnoit aux Espagnols l'exemple de la justice et de la modération : aussi étoit-il aimé ; chacun s'intéressoit à son bonheur. Il passoit des jours paisibles, parce que son cœur vouloit le bien, et qu'il avoit la fermeté de le faire exécuter. Son épouse, en mourant, lui avoit laissé cinq enfans, trois princes et deux princesses; son second fils occupoit le trône de Naples, qu'il avoit lui-même quitté pour s'asseoir sur celui d'Espagne. Le frère aîné, devenu héritier présomptif de la couronne, aida Charles à porter le faix de la royauté; car il étoit de toutes les affaires, et accompagnoit le roi son père au conseil. Il faisoit sous lui l'apprentissage de la politique, de cette science des cours, que la mauvaise foi et la duplicité ont enseignée, et par laquelle les peuples ont été enchaînés par leurs perfides chefs.

Mais si le prince des Asturies prenoit part aux travaux diplomatiques du roi, il partageoit ses plaisirs : on le voyoit toujours à ses côtés à la chasse et aux fêtes dont le roi régaloit quelquefois la cour. Malgré que le prince n'eût point ces dehors brillans qui commandent en quelque sorte l'amitié, on ne pouvoit lui refuser l'estime qu'un bon cœur a droit d'exiger de ceux qui le connoissent. Facile à séduire, il fut quelquefois dupe des projets des ennemis de l'état : une anecdote le prouve. En 1780, lors du siége de Gibraltar, les Anglais, qui s'étoient ménagés un parti à la cour d'Espagne, voulurent manifester leur haine pour les Français auprès de cette cour. Ils parvinrent à persuader le prince des Asturies, qu'il falloit se défier d'eux, et qu'ils trahissoient l'espoir de la cour. Le prince, qui crut cet avis salutaire, et qui ne vit pas le piége où on l'entraînoit, alla porter ses craintes à Charles son père, qui lui dit : « Ne vous laissez pas ainsi tromper, mon fils, par les flatteurs ; sachez que les Français ne sont pas des traitres, et que si vous régnez un jour en Espagne, vous leur en serez redevable. » Le prince eut pour lui la honte d'avoir été l'agent insidieux du cabinet de Saint-James. Cette leçon ne le mit point en garde contre les ruses des partis ; et il eut lieu, trois mois après cette affaire, de se repentir plus amèrement de sa félicité. Les agens infidèles de la cour de France voulant irriter l'Espagne contre les Anglais et le ministre de la marine, M. Catesjon, persuadèrent au prince des Asturies, qu'un parlementaire anglais qui venoit d'être arrêté dans Cadix, était porteur d'un riche service en or destiné pour le ministre de la marine. Le prince se disposoit à instruire son père de cette trahison apparente, lorsqu'il rencontra le ministre : il lui fit des reproches si violens, que Catesjon n'y put survivre, et qu'il mourut de désespoir en rentrant chez lui.

On ne peut se dissimuler qu'un prince de ce caractère est bien à craindre pour les peuples qu'il gouverne : l'expérience ne nous a démontré que trop la justesse de cette observation. Le prince des Asturies, après avoir été le jouet de ses flatteurs, le devint, étant roi, de sa propre femme. Nous aurons lieu, dans le cours de cet ouvrage, de développer son caractère, et l'on verra quelles ont été les causes qui ont entraîné Charles IV dans la ligue faite contre la France. Mais reportons-nous au tems qu'il n'étoit encore que prince des Asturies. Malgré la foiblesse et la mobilité de son caractère, malgré l'encens que des hommes corrompus lui prodiguoient, Charles avoit laissé appercevoir un germe de justice et de raison qui, s'il n'eût pas été étouffé par des conseils perfides, auroit pu faire de lui un homme; au lieu que la basse flatterie n'en fit qu'un prince. Charles croyoit à une égalité morale, et il n'admettoit, pour seule différence entre les hommes, que la vertu et les talens. Avec une logique aussi saine, l'on peut penser ce que seroit devenu cet homme, si quelques sages avoient pris soin de développer en lui ces principes de toute justice.

Fidèle à ses premières idées, Charles, malgré l'impudente opiniâtreté de ses courtisans, voulut se rapprocher encore de la masse commune, en apprenant les élémens d'un art mécanique. La science de l'horlogerie piqua sa curiosité; il s'adonna à ce travail, et parvint à réussir dans cet art ingénieux et agréable. Son frère, l'infant don Gabriel, mit son application dans l'étude des langues, et une savante traduction de Saluste conservera plutôt son nom à la postérité, que l'avantage d'être né fils de roi. Le dernier des enfans de Charles, d'un caractère plus insouciaut que ses frères, ne fit qu'effleurer les sciences; cependant il prit une connoissance assez exacte des langues latine, française et italienne; mais sa froide indolence le détourna bientôt d'une étude sérieuse.

Les trois frères, d'un caractère en

tout opposé, s'accordoient entre eux à merveille. Le roi leur père avoit fait naître par ses bons soins cette tendre amitié qui les unissoit, malgré la différence de leurs goûts; mais ce qui ne contribua pas peu à leur réunion, ce fut lorsque les passions commencèrent à se développer en eux : ils formèrent quelques intrigues, et la rigidité de la cour d'Espagne les força à se concerter pour parvenir à tromper la vigilance des surveillans. De jeunes filles avoient fait sentir aux princes le pouvoir de leurs charmes ; mais la difficulté de les faire parvenir dans le palais étoit un obstacle à leurs feux. Après avoir songé aux moyens qu'ils pourroient employer, ils en trouvèrent un qui leur réussit pendant quelques jours. Ils firent déguiser les objets de leur tendresse en abbés, et, à la faveur du petit collet et du manteau, l'amour se glissa dans le palais. Il se trouva là comme par-tout ailleurs, des hommes assez corrompus pour flatter les passions des princes, et leur faciliter des entrevues. Un valet-de-chambre se prêta à cette odieuse manœuvre, et disposa un endroit secret qui devoit servir de trône à l'amour. Tout ce que l'art a de plus agréable fut répandu avec profusion dans cet endroit enchanteur, que la nature avoit déja disposé pour les ébats amoureux. Au fond d'une allée de charmille est un pavillon élégant et voluptueux. Dans les plus grandes chaleurs de l'été, le zéphir le plus caressant s'y fait sentir, et des buissons de roses et d'œillets, qui sont plantés autour de son enceinte, parfument l'air qu'on y respire.

Ce fut dans cette grotte fortunée où l'amour parut pour la première fois au prince des Asturies; ce fut dans cet endroit ravissant que l'orgueil du trône vint s'humilier aux genoux dune bergère; car la maitresse de Charles n'étoit point née dans cette caste privilégiée, qui se croit seule en droit de dispenser le bonheur. Si les hommes, par un fol orgueil, se sont divisés entre eux, la nature, par le plaisir, les a ramenés dans son sein, et la foiblesse humaine, les sottes distinctions, n'ont jamais pu résister aux attraits de la beauté.

La charmante *Pépita* n'avoit que 17 ans. Une éducation délicate avoit développé en elle un esprit naturel, et aux graces de la jeunesse se méloient celles de la volupté. L'on ne pouvoit voir *Pépita* sans éprouver combien il est doux d'aimer; aussi le prince se laissa-t-il prendre aux amorces enchanteresses de sa beauté; et par les soins de son valet-de-chambre, il ne tarda pas à être heureux. *Pépita*, flattée de l'importance de sa conquête, employoit tout ce que l'amour a de plus ingénieux pour fixer un cœur vaincu pour la première fois. Elle se promettoit une victoire plus durable; mais le roi, qui sans cesse avoit les yeux fixés sur la conduite de ses enfans.

crut s'appercevoir d'une irrégularité extraordinaire ; il fit épier les jeunes princes, et l'on ne fut pas long-tems à découvrir leurs intrigu s. Il fit chasser de sa cour les prétendus abbés qui s'y trouvoient ; et le prince des Asturies eut la douleur de perdre l'objet de son amour, et en même tems l'espoir du bonheur. Il n'osoit faire éclater son chagrin ; il craignoit encore plus les reproches du roi, qui, en père prudent et sage, ne lui en fit point ; mais il prit un moyen de détourner à l'avenir toute idée d'intrigue scandaleuse, en cherchant à marier son fils. Il jeta les yeux sur les différentes princesses de l'Europe : la fille de l'infant duc de Parme fut celle qui obtint la préférence. Cette alliance resserroit plus étroitement encore les nœuds de cette famille ; car la jeune princesse étoit nièce du roi.

Aussitôt que l'accord de ce mariage fut fait entre les deux familles, on envoya le portrait de la princesse à la cour d'Espagne. Le peintre eut soin d'y mettre des charmes d'imagination, que le prince crut véritables, et qui ne tardèrent pas à faire impression sur un cœur qui s'ouvroit à l'amour. Le portrait devança de peu l'arrivée de la princesse Marie-Louise. Alors toute illusion cessa, et le prince ne reconnut pas dans sa prétendue l'original du portrait qui l'avoit si fort enflammé. L'amour qu'il avoit ressenti à la vue de ces charmes qu'un art imposteur lui avoit tracés, se changea bientôt en haine pour l'objet qui démentoit cette douce illusion. Mais l'accord fait entre les deux puissances, ne lui permettoit point de refuser de donner sa main à celle que la politique avoit engagée sous ses loix. Charles fut donc obligé de dévorer en secret ses ennuis.

La princesse s'apperçut bien de l'impression désagréable qu'elle avoit faite sur son amant ; mais elle dissimula, espérant bien reprendre sa revanche de cette mortification ; et attendant tout de son esprit et de sa complaisance, elle espéra régner sur le prince, plus par les soins qu'elle vouloit lui prodiguer, que par des charmes qu'elle n'avoit pas. Elle fit l'essai de son talent sur le roi son oncle, et se hâta de mériter son estime et son amitié par une conduite si réservée, si modeste, qu'on n'auroit jamais soupçonné cette femme de duplicité. Toutes les personnes de la cour eurent part à ses bonnes graces ; et par une candeur apparente et une modestie bien calculée, elle parvint à faire oublier l'irrégularité de ses traits. Le prince des Asturies même ne put s'empêcher de rendre justice à ses bonnes qualités ; et n'appercevant point le piége qu'elle lui tendoit, regrettoit que son visage ne fut pas d'accord avec son cœur.

Plusieurs mois se passèrent sans qu'on fit les préparatifs du mariage. La princesse avoit bien quelques droits à l'estime du prince, mais elle n'avoit pu encore lui inspirer de l'amour. Cependant le roi vouloit terminer cette union projetée ; et, pour cet effet, il en parla à son fils, qui faillit se trouver mal, lorsqu'on lui proposa sérieusement d'épouser la princesse.

Il n'étoit pourtant plus en son pouvoir de refuser de former des nœuds attendus depuis long-tems, et qui devoient servir autant la politique des deux souverains, que cimenter une amitié durable et nécessaire. Le roi, dans ses conférences avec son fils, lui représenta que les agrémens de la figure n'étoient que passagers et frivoles, qu'ils devoient céder aux charmes de l'esprit, et qu'il devoit s'appercevoir que, si sa cousine n'étoit pas douée des premiers, elle possédoit en revanche les seconds, et que sa complaisance et sa douceur devoient lui tenir lieu de ces agrémens futiles qui passent avec la jeunesse.

Le roi parla à son fils avec ce ton

d'amitié qui caractérise un père juste et équitable. Après être convenu avec lui que la jeune infante n'avoit point ou peu de charmes, il lui fit voir les avantages que l'état retireroit de cette union ; et il l'engagea, au nom de la patrie, de ne plus mettre de délai à cet hymen, qu'il lui peignoit comme devant être très-avantageux. Il lui représenta que le devoir des princes étoit de sacrifier à l'intérêt de l'état des jouissances momentanées. Si les peuples, lui dit-il, sacrifient pour nous et leurs fortunes et leurs jours, nous pouvons bien, en leur faveur, sacrifier des plaisirs passagers. Les deux nations attendent l'effet de votre résolution : cachez avec soin la répugnance que vous apportez à cet hymen : les loix de la politique vous en font un devoir.

Ce ton d'aménité et de douceur, qui régnoit dans le discours du roi ; cette franche probité qui subjugue tous les hommes, fit impression sur le cœur du jeune prince; il promit à son père de lui obéir; mais il ne lui cacha pas la répugnance qu'il avoit eue jusqu'à ce jour pour un hymen si peu flatteur. Mais, dit-il, il suffit que mon père et l'état me commandent ce sacrifice, pour que je le consomme : faites tout préparer, je me soumets à vos volontés.

Le roi l'embrassa, et le remercia de sa résignation et de sa docilité, et le quitta pour s'occuper des choses que nécessitoit cette fête. Pour le prince, il ne fut pas plutôt rendu à lui-même, que ce fut pour déplorer son sort : il s'abandonna à tout son désespoir; l'image de *Pepita* vint se retracer à ses yeux; il sentit combien étoit grande la différence de la princesse à cette simple bergère, et l'orgueil pour cette fois ne l'emporta pas sur la nature. Charles eut désiré dans ce moment, que les hommes fussent moins injustes, et qu'ils ne fussent pas les victimes d'un sot orgueil. Mais ses plaintes ne pouvoient adoucir son sort. Il sentoit toute l'amertume du calice qu'il alloit boire. Si toutes ses réflexions ne pouvoient éloigner l'instant du sacrifice, du moins elle l'y préparoient. Le roi son père ne l'avoit quitté que pour songer aux moyens de hâter cette union, qui se fit dans le mois de mai 1774. Les fêtes qui la suivirent furent magnifiques : usage consacré chez les souverains, de marquer les époques de leur félicité avec l'or du peuple, qui s'empresse toujours d'applaudir les brillantes superfluités qui sont prises sur son nécessaire.

On s'abandonna de toutes parts à la joie ; et la personne la plus triste étoit sans contredit le héros de la fête. Pour la princesse, elle ne parut pas faire attention à l'air sombre et rêveur de son époux : elle dissimula son dépit par une joie apparente, et elle attendoit des ressources de son esprit un triomphe moins éclatant, mais plus durable que celui qu'obtient la beauté.

Tout ce qui n'étoit pas son époux, la voyoit avec des yeux indulgens ; et cette femme eut l'art de tromper si bien, jusqu'aux plus fins, que son époux lui-même fut obligé de se soumettre. Elle avoit mis en œuvre, pour réussir à la cour d'Espagne, et se faire des prosélites, deux qualités triomphantes, l'affabilité et la générosité. Chacun en ressentoit les effets; et sans être prodigue, elle savoit donner avec justesse : elle étoit, à la cour, l'appui des opprimés, et elle plaidoit si bien leur cause, que la foule de ses courtisans augmentoit tous les jours, et l'on regrettoit qu'elle ne fût pas plus jolie.

Le prince, dans les premiers mois de son mariage, se montra en quelque façon injuste pour une femme qui se faisoit aimer de tout le monde, et pour laquelle il n'avoit pu vaincre en lui la répugnance. Ce prince, sans être absolument méchant, étoit d'un caractère fort brusque, quoique facile à conduire ; ce défaut, il le porta à l'extrême à l'égard de sa femme, et, sans savoir ce qui se passoit dans le secret, il fit éclater en public des mouvemens de colère indignes d'un homme de son rang : la princesse ne répondoit ordinairement à ses brusqueries que par des caresses.

Un jour, ce prince emporté donna à toute la cour le scandale affreux d'une scène humiliante pour sa femme. Ils étoient tous deux à déjeûner, et le chocolat qu'on leur servoit étoit fort chaud : la princesse eut l'imprudence de ne point avertir son époux, qui prit sa tasse avec avidité, et qui se brûla. Cette aventure fit faire un éclat de rire à l'épouse du prince, qui, transporté de fureur, jeta sa tasse toute brûlante sur la gorge de sa femme. La liqueur fit une vive impression sur la peau de la princesse, qu'on se hâta de secourir. Les témoins de cette scène furent indignés de cette brutalité ; et lorsque le roi en fut instruit, il ordonna à son fils de rester en arrêt huit jours dans ses appartemens. La princesse cependant parvint à calmer la colère du roi, et à faire remettre en liberté son époux. Le roi lui sut bon gré de s'intéresser en faveur d'un homme qui lui donnoit de justes sujets de plaintes. Ce procédé généreux de la princesse fit ouvrir les yeux à son époux, qui se repentit de son action, et qui, depuis ce moment, ne lui donna plus que des preuves de sa complaisance. Les remontrances de son père agirent efficacement, et vinrent fort à propos au secours d'une femme qui sembloit être menacée d'un sort malheureux.

Le premier pas étoit fait; il s'agissoit de vaincre cette répugnance qu'il avoit pour cette princesse; et les attentions, les soins assidus de sa femme, lui firent prendre la résolution d'être avec elle plus circonspect. De la complaisance il passa bientôt à l'estime, et cette dernière affection le conduisit à l'amitié. Il ne vit plus sa laideur ; il n'envisagea que ses bonnes qualités, et sa femme obtint toute sa confiance, au-delà même qu'on auroit pu l'espérer ; car de tous les hommes il fut le plus trompé. La première grossesse de la reine vint encore resserrer les nœuds que l'estime et le devoir venoient de former. L'espoir d'avoir un héritier occupa seul la pensée du prince des Asturies, et il ne savoit quels moyens employer pour prouver à la princesse son contentement. Pour Marie-Louise, elle étoit dans la plus grande joie d'un évènement qui servoit si bien ses projets ; et elle fit tout pour ne pas perdre l'occasion, dont elle profita, comme nous le pourrons voir dans la suite.

L'attente du prince fut trompée ; il crut que la nature lui accorderoit un garçon, et son premier enfant fut une fille : cet évènement le chagrina un peu, mais ne diminua pas son estime pour son épouse ; il se consola dans l'espoir d'être plus heureux une autre fois. Les fêtes qui avoient été projetées pour un garçon, car tous les pronostiqueurs l'avoient prédit, eurent lieu de même, malgré le changement de sexe, et le prince oublia cette légère mortification ; il fit aussi bien, car deux mois après, la princesse redevint grosse, et pour cette fois, donna un petit-fils à Charles III. Cet évènement fut pour la princesse l'époque de son triomphe ; toutes divisions cesssèrent pour jamais entre les époux, et Marie-Louise obtint une confiance illimitée de la part de son époux, confiance qu'elle n'eut point de honte de trahir. Enfin Charles ne voyoit plus que par les yeux de sa femme, et elle dispensoit à son gré les largesses et les graces. Il en passoit par où sa femme vouloit ; elle devint maîtresse de lui ; sa facilité fût même remarquée et blâmée, autant que l'avoient été ses emportemens et ses fureurs.

L'union qui régnoit entre ces deux époux, faisoit la félicité du roi; il s'applaudissoit de ce mariage, et tous les courtisans lui en faisoient mille louanges. Mais comme il n'est point de bonheur parfait, le prince se vit privé de ses enfans mâles; une maladie funeste les enleva au plus tendre de l'âge. Ce désastre vint troubler les beaux jours dont il jouissoit : la princesse n'étoit pas moins affligée que lui; elle craignoit de perdre avec ses enfans la considération dont elle jouissoit. Toute la cour s'empressa de dissiper cette langueur à laquelle s'abandonnoit l'époux de Marie-Louise; des fêtes se succédoient sans interruption. Le prince calma sa douleur, et le retour de sa gaieté fut célébré encore par de nouvelles fêtes : image honteuse que présente la foiblesse des peuples! superstition funeste aux progrès de la raison, quand disparoitrez-vous de dessus la terre? Quand donc une masse imposante n'ira-t-elle plus fléchir le genou devant des atômes, que la sotise et l'ignorance ont divinisés ?...

Les fêtes que les Espagnols prodiguoient au fils de leur souverain, en chassant sa mélancolie, le ramenèrent près de sa femme, qui lui donna, en 1788, deux princes jumeaux : alors tout fut oublié, et l'on ne pensa plus qu'à se réjouir. Cependant l'un de ces jumeaux ne vécut point, mais celui qui résista aux coups du sort, fit la félicité du prince, et est aujourd'hui l'espoir de l'Espagne, qui le regarde comme devant la gouverner un jour, et les politiques assurent déja qu'il fera l'honneur de la nation, tant la prédilection est grande chez les esclaves.

Rien dans ce tems ne manquoit au bonheur du prince des Asturies. Sa femme paroissoit être jalouse de faire son bonheur ; mais qu'il faut peu se fier aux apparences ! Voilà l'époque de la vie de Marie-Louise qui mérite une attention particulière : sa conformité avec celle de Marie-Antoinette d'Autriche y prête un nouvel intérêt ; et les historiens des siècles à venir auront une source inépuisable de réflexions à prendre dans la conduite de ces deux femmes, dont l'une cependant l'a emporté sur l'autre par des coups encore plus hardis, que Marie-Louise peut-être ne saura que trop imiter. L'épouse du prince des Asturies n'avoit pas oublié les dédains injurieux du prince à son égard ; et si elle a dissimulé, c'étoit pour se venger plus sûrement. Une femme ne pardonnne jamais les mépris dont Marie-Louise avoit été l'objet. Après donc qu'elle se fut assurée du caractère flexible de son époux, après avoir pris sur lui cet empire qu'a une femme rusée sur un homme foible, alors elle pensa à sa vengeance, et voulut la faire tourner au profit de ses plaisirs. Elle ne considéra pas que son action alloit lui attirer l'indignation du peuple et le blâme général ; elle ne prit conseil que de son humeur libertine, qui l'entraina dans les plus grands désordres. Elle voulut se venger de la contrainte où elle avoit été depuis le commencement de son mariage ; et tandis que son mari s'occupoit avec son père des moyens de bien gérer l'Etât, la princesse le déshonoroit par une conduite criminelle.

Le premier sur qui les regards de Marie-Louise se tournèrent, fut le marquis de T**, homme fait pour plaire, et dont la conquête flattoit la princesse. Le désir de s'avancer fut le seul motif qui put engager le marquis à répondre aux désirs empressés de Marie-Louise ; son peu de charmes ne pouvoit fixer un homme aimable, et qui pouvoit compter les plus jolies femmes au nombre de ses victoires. Mais il ne pouvoit non plus se refuser à ses offres, qui devenoient des ordres ; il savoit ce qu'il avoit à craindre, en ne répondant pas aux vœux de la princesse ; il ne pensa donc plus qu'à la faire jouir des charmes de l'amour. Cette intrigue fut secrète pendant quelque tems, mais les yeux observateurs des courtisans démêlèrent bientôt la trame, et l'imprudence de la princesse leur en donna le fil.

Marie-Louise, à l'ombre de son rang, crut qu'elle imposeroit silence aux rieurs, mais elle se trompa : elle fut assaillie par des brocards sans nombre, dont elle affecta de ne point sentir l'application. Le déréglement de sa conduite parvint aux oreilles du roi, qui n'eût que trop lieu de se convaincre que sa belle-fille trompoit le plus crédule des époux ; il ne voulut point frapper son cœur d'un coup sensible, et dissimula devant son fils ; mais il prit des mesures sages que la prudence lui dictoit. Il ravit à Marie-Louise son amant, en donnant au marquis de*** la place de gouverneur dans l'Isle de.... en lui enjoignant de partir pour son commandement sous vingt-quatre heures. Cette circonstance dérangea un peu les projets de la princesse, mais pour cela ne lui fit point abandonner l'intention de mener une intrigue secrète : cette première lui avoit semblé semée de tant de charmes, qu'elle ne voulut point renoncer à des plaisirs défendus, dont la proscription fait le mérite.

Le roi crut, qu'en éloignant de la cour l'homme qui avoit subjugué la princesse, elle cesseroit tout désordre ; mais une fois le premier pas fait dans le libertinage, il est malaisé de s'en retirer, et Marie-Louise n'en avoit seulement pas le désir. Le marquis de... absent, elle ne pensa plus qu'aux moyens de lui faire succéder un autre, plus aimable encore si c'étoit possible. Après avoir jeté les yeux sur les courtisans dont la cour abonde, elle fixa son choix sur M. de de Lancaster, seigneur agréable, et qui rapportoit de la cour de France, qu'il venoit de quitter, toutes les grâces et les agrémens qu'on vante en ce pays. Les agaceries de la princesse firent comprendre à Lancaster le sort qui l'attendoit ; cette conquête n'étoit point merveilleuse pour un des plus beaux cavaliers de l'Europe, mias le rang qu'occupoit la belle-fille du roi ajoutoit un prix fort grand à ces gages d'amour. Le comte se décida à lui rendre tendresse pour tendresse, ou du moins il en fit le semblant. La liaison devint intime entre eux, et les courtisans furent dupes pendant quelque tems ; mais enfin l'on s'apperçut de ce nouveau lien, et les sarcasmes recommencèrent.

Le roi fut de nouveau instruit de cette intrigue, et Florida-Blanca, son ministre, dans lequel il avoit la plus grande confiance, fut un des premiers à l'avertir du blâme dont se couvroit la princesse. D'après son avis, le roi prépara au comte de *Lancaster* le même sort qu'au marquis de T * * ; on lui donna une commission dans les Isles, avec ordre d'y rester jusqu'à son rappel.

Lancaster, qui n'avoit que ses talens et un grand nom, crut marcher à la fortune, en répondant aux desirs de la princesse, qui l'avoit flatté d'un prompt avancement. Ces deux intrigues de Marie-Louise avoient jeté l'alarme dans le cœur du roi, qui se consoloit de la perfidie de sa belle-fille en travaillant au bonheur de son peuple : pour Marie-Louise, loin d'être intimidée de sa coquetterie, elle n'en devint que plus hardie ; et sans égards pour le rang qu'elle occupoit ; sans se respecter elle-même, elle ne pensa qu'à faire de nouvelles conquêtes. Dans le nombre des courtisans, elle distingua Pignatelly, homme vif, spirituel, et dont l'heureuse physionomie portoit le caractère de l'amour.

La princesse n'eut pas besoin de s'expliquer; Pignatelly comprit que pour cette fois il avoit la pomme; le goût lubrique de la princesse étoit connu de toute la cour, et son époux seul ignoroit son déhonneur.

Pignatelly ne se rendit pas cependant sans répugnance à l'amour de Marie-Louise; il lui en coûtoit de faire infidélité à la duchesse d'Albe: mais l'ambition l'emporta sur la reconnoissance, sur l'amour même, et Pignatelly se disposa à servir les intentions de ses deux maîtresses. C'étoit un plaisir bien vif pour lui, que d'aiguillonner la jalousie de ces deux femmes; car la princesse n'ignoroit point ses liaisons avec la duchesse d'Albe, et la duchesse, à son tour, ne tarderoit point à savoir que Pignatelly étoit couronné par la princesse de Parme.

En excitant de cette manière la jalousie entre elles, Pignatelly s'apprêtoit à jouir des scènes que cela occasionneroit; son caractère gai se promettoit beaucoup de plaisirs ; d'ailleurs il étoit bien aise de punir la duchesse d'Albe d'une résistance qu'il trouvoit fort mal-à-propos ; car, malgré qu'elle aimoit Pignatelly, elle ne lui avoit point encore accordé les précieuses faveurs qu'un amant souhaite avec tant d'ardeur. Le passionné Pignatelly n'en étoit que plus amoureux, et la duchesse toujours plus scrupuleuse. Pignatelly voulut faire servir l'inclination de Marie-Louise à son bonheur, et il y réussit : il n'eut point de crainte de sacrifier la princesse à la possession de sa chère duchesse ; d'ailleurs la belle-fille du roi ne lui inspiroit que de l'orgueil, tandis que sa bien-aimée lui inspiroit l'amour le plus tendre. Pignatelly ayant donc jeté son plan, se présenta chez Marie-Louise, qui fut enchantée d'avoir rangé sous ses loix un homme de son mérite ; elle ne s'attendoit pas au tour perfide qu'il lui préparoit, et elle étoit loin de croire que ses bontés ne devoient être que le gage des faveurs de la belle duchesse d'Albe.

Comme les deux précédentes intrigues de la princesse, celle-ci resta pendant quelque tems dans le secret, et ce n'étoit point même ce que l'amant desiroit le plus. Son grade d'exempt des gardes-du-corps lui laissoit la faculté de paroitre souvent à la cour, et servoit par ce moyen les desseins de la princesse, qui s'abandonna avec Pignatelly à toutes les jouissances de l'amour. Le comte, fécond en imaginations de ce genre, étoit à ses yeux un présent fort rare qu'elle se promettoit bien de conserver. Les deux amans qui l'avoient précédé furent bientôt oubliés, et l'heureux Pignatelly gagnoit chaque jour un degré d'amitié de plus. Et si la princesse fit un vœu, ce fut celui de fixer invariablement le trop séduisant Pignatelly. Sous un tel maitre, elle auroit bientôt surpassé les plus habiles courtisannes ; ses dispositions étoient prodigieuses dans ce genre.

Pour récompenser les soins que son amant apportoit à ses amusemens, elle lui fit présent d'une boîte d'or, enrichie de diamans. Ce gage non équivoque des bontés de la princesse, devint bientôt celui des faveurs de l'inexorable duchesse d'Albe. Pignatelly n'eut pas plutôt en son pouvoir ce bijou, qu'il s'empressa de le faire servir à son bonheur. Il courut chez sa chère duchesse, et ne manqua pas d'étaler à ses yeux ce présent magnifique, qui n'attestoit que trop la main qui l'avoit fait.

La duchesse s'informa beaucoup comment ce joyau lui étoit tombé en partage: Pignatelly voulut essayer de feindre; mais il savoit bien, en employant ce moyen, qu'il piqueroit davantage la curiosité de la duchesse, et qu'en piquant sa curiosité, il exciteroit son amour-propre. En effet, elle employa tour-à-tour les menaces, les caresses, pour savoir au juste quelle étoit la conquête de son amant : elle s'en doutoit bien, mais elle vouloit en avoir la certitude, et tirer de Pignatelly un aveu qu'il ne demandoit pas mieux que de lui faire. Mais trop adroit pour lui céder tout de suite, il voulut préparer son triomphe, et forcer la duchesse à répondre à son amour. Elle l'avoit assez fait languir; il voulut avoir sa revanche. La première entrevue se passa dans ce doute qui alimente si fort la curiosité des femmes; et Pignatelly, retardant son triomphe pour qu'il fût plus assuré, eut assez de fermeté pour dissimuler, balbutier, toute cette séance, et pour porter enfin la jalousie au plus haut point dans le cœur de la duchesse. Le dépit s'en mêla, et elle ne quitta plus prise, qu'elle n'eût enfin su d'où venoit cette boite, et de qui elle étoit le gage de l'amour. Pignatelly, qui vit le moment favorable à ses desseins, lui dit en grande confidence les entreprises de la princesse: il voulut éluder son triomphe sur lui, mais l'amour de la duchesse ne la trompa point, et malgré les protestations de Pignatelly, elle vit bien qu'elle avoit une rivale triomphante. Ce fut pour son cœur une douce jouissance que de lui arracher cette conquête, et ce que n'avoit pu faire un amour violent, le dépit et la jalousie le firent. Pourtant elle lui fit acheter, à son tour, des faveurs qu'il briguoit depuis long-tems: il ne conçut encore que l'espoir de les obtenir bientôt. L'adroite duchesse, jouant tout-à-la fois le rôle d'amante sensible prête à se rendre, puis d'amante outragée dont l'amour menace et s'indigne, l'amante outragée refusoit ce que l'amante sensible auroit accordé. Ce fut dans ce perpétuel combat que se passa cette fameuse journée, où Pignatelly croyant être heureux, se vit vingt fois au moment de tout perdre. La duchesse jouissoit dans le fond de son ame, de voir un amant, favorisé par la première personne du royaume, mendier à ses genoux des faveurs qu'il faisoit lui-même acheter à son orgueilleuse rivale. Mais ce n'étoit point assez pour la duchesse d'Albe; elle ne portoit point que là sa vengeance. Tout en cédant à l'amour de Pignatelly, elle vouloit le faire servir à humilier la princesse.

L'amant de Marie-Louise, que les refus de la duchesse d'Albe avoient encore rendu plus amoureux, redoubla auprès d'elle ses soins, ses attentions; et l'amour, pour cette fois, le fit triompher. Quel beau jour ce fut pour cet amant, que celui qui lui fit voir sa charmante amie céder à ses vœux empressés! Il ne connut le bonheur, dit-il lui-même, que de ce moment desiré par lui depuis si long-tems, justement acquis par les soins les plus attentifs et les plus assidus. Il a fait vingt fois à ses amis le tableau touchant et expressif de ce moment enchanteur, où la belle duchesse le combla de faveurs, et où sa tendresse ingénue, et peu raffinée par la coquetterie de la cour, lui fit goûter un bonheur pur et sans nuage.

Mais cette femme, innocente dans le plaisir, devint rusée dans sa vengeance; elle ne pouvoit pardonner à la princesse de lui avoir voulu enlever un amant qu'elle chérissoit, et qu'elle tardoit de rendre heureux, dans la crainte de le voir inconstant. Elle exigea de Pignatelly, que, pour prix de ses sacrifices, il lui immolât celle qui voulut lui ravir son cœur. Pignatelly, qui n'avoit cédé à la princesse que pour amener à son but la duchesse d'Albe, consentit sans peine à ce sacrifice; et pour lui prouver la sincérité de sa promesse, il lui abandonna le bijou qui avoit été le gage de cette union. Il reçut en échange un brillant, qu'elle détacha de l'un de ses doigts, et que Pignatelly porta en triomphe. Mais cet imprudent amant, voulant se ménager ses deux conquêtes, entraîna sa maitresse dans la commune disgrace qui devoit les accabler. Il n'osa pas rompre avec Marie-Louise, de qui il attendoit les faveurs de la fortune, mais il eut l'imprudence de porter à son doigt le présent de la duchesse d'Albe; c'en fut assez pour exciter la jalousie de la princesse, qui ne connoissoit point encore celle qui fixoit l'heureux Pignatelly. En vain elle le questionne; elle ne reçoit pour toute réponse, que ce diamant n'étoit point un gage d'amour, mais une acquisition qu'il avoit fait faire à Paris, par un de ses parens: la princesse feignit de le croire, et parut si fort empressée de posséder ce bijou, que Pignatelly ne put le lui refuser sans se rendre coupable à ses yeux.

La princesse accepta sur-le-champ le présent que Pignatelly lui offrit de ce brillant. Elle espéra bien, par-là, découvrir celle qui avoit ainsi gratifié Pignatelly, se doutant bien que c'étoit une des femmes de la cour.

Pendant que Marie-Louise projetoit ses idées de vengeance, la duchesse d'Albe, de son côté, cherchoit l'occasion d'humilier la princesse, et de punir l'infidélité de Pignatelly : l'occasion s'offrit pour toutes deux, et elles en profitèrent, chacune en particulier. La princesse fut la première pour qui l'occasion devint favorable. Il est d'usage en Espagne de célébrer une fête pompeuse et brillante, à l'époque de la naissance du roi, de la reine, et du prince héritier présomptif de la couronne, et de sa femme. On exige, dans ces solemnités, que tous les courtisans viennent baiser humblement la main de leurs majestés. Ces fêtes ont retenu le nom de *baise-main*. Chacun va à cette cérémonie dans le costume de sa charge ou de son emploi, ce qui rend cette fête des plus brillantes. Chaque prince qui descend de la tige régnante, a le droit aussi de célébrer cette fête, et cela s'appelle les petites *baise-main*.

Voici l'ordre qu'on observe dans ces cérémonies : le roi est dans son appartement, ainsi que la reine dans le sien. Assis dans un grand fauteuil, ils ont une main appuyée sur une table couverte d'un riche tapis. Cette main est chargée des plus beaux diamans. Chacun des courtisans, vêtu, comme nous l'avons dit, du costume de leur grade, défile respectueusement, et s'agenouillant devant la personne assise, baise la main qui lui est offerte.

La princesse des Asturies profita de ce moment pour se parer du diamant de l'heureux Pignatelly. Lorsque vint son tour à baiser la main de son amante, elle lui présenta son diamant : si son orgueil fut satisfait, son amour fut alarmé ; il savoit que la duchesse alloit, à son tour, baiser la main qui portoit son bijou, et que, par ce moyen, elle découvriroit son imprudence. Ses yeux, attachés sur la duchesse, cherchoient à deviner ce qui se passoit dans son cœur. La duchesse dissimula, et fut assez maîtresse d'elle-même, pour ne point laisser voir le trouble qui l'agitoit. Par ce moyen, la princesse ne put reconnoître celle qui avoit fait ce cadeau à son cher Pignatelly. Mais si la duchesse ne fit rien paroitre devant sa souveraine, elle n'en conçut pas moins un projet de vengeance, projet dont l'exécution devoit nécessairement attirer sur elle la disgrace de la cour. Mais que ne peut une femme, outragée par un amant qu'elle aime ! elle auroit sacrifié jusqu'à son existence, pour parvenir au but que sa jalousie lui faisoit desirer d'atteindre.

Pignatelly, d'après cette rude épreuve, étoit fort embarrassé pour retourner chez la duchesse; cependant son amour l'y appeloit, et ce ne fut pas sans crainte qu'il s'y hasarda. L'on peut penser de quelle manière il fut reçu, et quels reproches il eut à essuyer; en vain il voulut se défendre, elle ne voulut point entendre aucune raison, et menaça Pignatelly de lui fermer la porte de chez elle. Cependant la soumission de son amant, ses regrets apparens, ses promesses de ne plus donner de suite à cette intrigue, calmèrent un peu cette amante outragée, et Pignatelly apperçut encore l'aurore du bonheur; il ne voulut pas quitter prise qu'il n'eût obtenu une victoire complète, mais la duchesse ne voulut point céder aussi facilement à son ingrat amant, qu'elle adoroit dans le fond de son cœur, mais à qui elle vouloit faire acheter un pardon qui auroit pour lui plus de prix, par la difficulté de l'obtenir.

Toute cette séance s'épuisa dans ce combat de l'amour et de la vengeance, et, malgré les vives sollicitudes de Pignatelly, il ne put obtenir d'autre faveur de la duchesse, que celle de lui baiser la main; faveur à laquelle même il ne pouvoit s'attendre, en la voyant aussi courroucée.

Ne pouvant obtenir autre chose, il fut bien obligé de s'en contenter. Il lui proposa, pour l'après-midi, de lui donner la main au *Prado*, ce qui lui fut refusé; la duchesse ne voulut point sortir de la journée, sans doute, pour rêver aux moyens de se venger avec éclat de la princesse des Asturies. Pignatelly, d'après l'ordre de la duchesse, se retira, en lui demandant l permission de revenir le lendemain, ce qui lui fut accordé, non sans beaucoup de peine, car la duchesse vouloit faire durer huit jours sa vengeance contre Pignatelly. Mais l'amour dispesa d'elle autrement, et deux journées furent le terme de sa rigueur.

Pignatelly, pour cette fois, pensoit sérieusement à mériter les faveurs de la belle duchesse, et il avoit juré, dans le fond de son ame, de briser avec la princesse des Asturies : il étoit dans cette ferme résolution, lorsque sa voiture s'arrêta devant le château. La princesse revenoit d'une de ses promenades, sous le prétexte de sa santé, lorsqu'elle apperçut l'équipage de Pignatelly. Elle envoya un valet de pied, avec ordre de dire au comte de se rendre dans son appartement. Pignatelly ne put se refuser à cette invitation, et il fut forcé pour cette fois d'oublier ses sermens. Il arriva dans l'appartement de la princesse, qu'il trouva nonchalamment étendue sur une chaise longue, se trouvant, disoit-elle, fatiguée de sa promenade. L'on peut penser quel fut le sujet de la conversation,... elle devint vive, et passa même les bornes de l'entretien. La princesse se plaignit, mais en termes rassurans, de la négligence de Pignatelly, qu'elle ne trouvoit pas assez empressé à lui faire sa cour. Elle lui demanda encore qu'il avouât ingénuement celle qui partageoit ses affections, et qui lui avoit donné le diamant en question, en lui disant que malgré ses efforts pour reconnoitre, le jour du *baise-main*, cette audacieuse qui osoit lui disputer sa conquête, elle n'avoit pu avoir des notions assez satisfaisantes pour fixer ses doutes.

Pignatelly resta toujours sur la plus grande réserve à cet égard, et ne voulut point trahir le secret de la duchesse; il se contenta de violer la promesse qu'il lui avoit faite, de ne point se rendre aux invitations de Marie-Louise. Pignatelly fut encore obligé de donner sa parole de l'accompagner le soir au spectacle. Le hasard voulut que le lendemain l'on instruisit la duchesse de cet évènement. La publicité que la princesse mettoit dans ses amours avec Pignatelly, faisoit remarquer jusqu'aux moindres actions. La duchesse éprouva un violent dépit; et, dans sa colère, elle écrivit ce foudroyant billet à Pignatelly.

« *Rien ne peut fixer un cœur qui met sa félicité dans l'inconstance. Les sermens les plus saints sont facilement oubliés à la vue de l'objet qui flatte l'orgueil : de même j'oublie celui qui m'avoit juré fidélité, amour. Je ne veux plus vous voir ; non, je ne veux plus vous voir. Adieu pour jamais.*

La D. A.

Pignatelly trouva ce billet sur sa toilette. Il fut frappé comme d'un coup de foudre. Il aimoit sincèrement la duchesse, et sa perte lui étoit sensible. Il n'osoit se présenter chez elle, d'après des ordres aussi précis. Il fit questionner les gens de la duchesse, pour savoir où elle devoit aller cette journée, afin de se trouver à sa rencontre ; il apprit qu'elle ne devoit point sortir. L'état où elle étoit plongée, par le chagrin que lui donnoient les assiduités de Pignatelly auprès de la princesse, ne lui permettoit point de prendre de divertissement. La résolution qu'elle avoit prise, de congédier aussi brusquement son amant, la douleur de le perdre, tout cela avoit fait impression sur elle. Elle n'étoit point à se repentir de sa vivacité, et elle eût voulu la réparer, mais l'orgueil se seroit trouvé humilié par une démarche qu'elle desiroit dans le fond de son ame, et elle aima mieux se résoudre de souffrir en secret, que de revenir sur ce qu'elle avoit fait. Elle resta huit jours entiers renfermée dans son appartement. Pignatelly se présenta quatre fois à sa porte; mais il ne put entrer: les ordres étoient précis. Il lui écrivit, mais en vain, il n'obtint pas de réponse. Enfin il étoit au désespoir; il avoit négligé autant de tems la princesse, qu'il l'avoit été lui-même par son amante.

L'occasion de parler à la duchesse s'offrit, et il en profita. Le moment de son service à la cour étoit venu, et Pignatelly s'empressa d'y retourner. Dès qu'elle l'apperçut, elle passa dans un autre appartement, mais sa colère étoit sur le point d'expirer, et l'amour, excité par la résistance, l'emporta. A la seconde entrevue, elle fut moins farouche ; il est vrai que sa bouche ne s'ouvroit que pour accabler de reproches Pignatelly, qui se justifia avec ce ton persuasif d'un amant qui a quelques droits sur un cœur. Il obtint la permission de venir le soir même chez la duchesse. Cet excès de faveur le transporta, et l'on peut bien penser qu'il ne manqua pas l'heure du rendez-vous. Les ordres étoient donnés, et l'heureux Pignatelly ne trouva plus de barrières entre lui et sa chère duchesse. Les gens le laissèrent entrer pour cette fois. Il ne mit pas le pied sur le perron de l'escalier, sans éprouver un tressaillement qui lui annonçoit le bonheur qui l'attendoit. La duchesse n'éprouvoit pas moins d'émotion ; et l'on eût dit, à son teint animé, que c'étoit la première victoire de l'amour.

Pignatelly devint audacieux ; il se précipita dans ses bras, et s'efforça, par de tendres caresses, de lui fermer la bouche aux reproches. Le moment étoit arrivé; la duchesse succomba, et Pignatelly fut heureux. Le souvenir de son infidélité étoit si douloureux pour elle, que des larmes coulèrent de ses yeux. Mais l'amour les essuya, et ces pleurs précieux furent recueillis par son amant, qui jura de nouveau de ne point céder aux instances de la princesse : à cette condition, tout lui fut accordé, et il ne s'occupa plus que de mériter des faveurs auxquelles il ajoutoit un grand prix. Du moins il crut son cœur capable d'assez de fermeté, pour résister à des sollicitations pressantes ; et si depuis il eut occasion de violer ses sermens, il prit au moins tant de précautions, qu'il épargna à la duchesse de nouvelles inquiétudes.

Le long espace de tems que Pignatelly mit à vaincre la résistance de la duchesse, l'avoit fait négliger d'aller à la cour : la princesse des Asturies ne savoit à quoi attribuer ce retard ; elle voulut en être éclaircie par lui-même, mais il n'eut garde de lui avouer la vérité, et la fin de cette conversation fut encore un parjure aux sermens de la belle duchesse. Pignatelly étoit inconstant par caractère, et cependant tout son amour étoit porté vers la duchesse ; mais il prit tant de précautions pour lui éviter de nouveaux chagrins, que, sans une occasion extraordinaire, il eût mené deux intrigues à-la-fois. La duchesse d'Albe, qui avoit gardé la boite d'or donnée par la princesse à Pignatelly, trouva l'occasion d'humilier sa rivale, et elle en profita.

Il étoit venu à la cour de Madrid un coiffeur français. Toutes les femmes étoient jalouses de se faire coiffer par lui, et l'ouvrier se faisoit payer chèrement ; car malgré que chacune de ses séances lui étoit payée une once d'or, ce qui vaut 80 liv., aucune ne vouloit se priver des talens de cet habile Parisien. La duchesse d'Albe, qui donnoit le ton à la cour par son goût, ne se servoit point d'autre coiffeur, et n'avoit pas contribué de peu à la réputation de cet homme. Un jour elle lui dit de venir à telle heure chez elle; celui-ci lui répond qu'il ne peut se conformer à ses ordres, parce qu'il doit coiffer la princesse des Asturies à cette heure-là même. Eh bien, dit la duchesse, venez plus tôt, et je doublerai le prix. Le coiffeur y consentit. Le lendemain il arriva à l'heure indiquée. La duchesse avoit fait remplir la boite, donné par la princesse à Pignatelly, d'une pomade exquise et fort rare; elle mit à dessein cette boite sur sa toilette. Le coiffeur parut surpris de la magnificence de ce bijou, mais sa surprise devint encore bien plus grande, lorsqu'après avoir coiffé la duchesse, il l'entendit lui faire des éloges outrés sur son goût, sa légereté, et lui donner, nonobstant le prix convenu, cette boite, qui avoit attiré ses regards, avec la seule condition de ne s'en servir que pour l'usage de pomadière. Comme le coiffeur parut faire quelque difficulté, la duchesse insista, et lui en promit une autre pour son tabac.

Le premier usage que le coiffeur fit de cette pomadière, fut de s'en servir chez la princesse des Asturies. Il ne l'eut pas plutôt mis sur sa toilette, qu'elle reconnut la boîte qu'elle avoit donnée à Pignatelly; mais elle ne put comprendre par quel moyen elle étoit tombée entre les mains de ce coiffeur, et comment il s'en pouvoit servir pour un tel usage. Elle le questionna sur tous ces points. Le coiffeur crut ne pouvoir lui taire la vérité, et il lui avoua que la duchesse d'Albe lui avoit fait ce présent, sous la condition de s'en servir comme il faisoit. La princesse ne dit plus rien; mais elle n'eut plus de doute sur la personne avec qui Pignatelly l'avoit si long-tems négligée; elle eut aussi le mot de l'énigme du diamant quelle avoit vu au doigt de son amant, et, dès ce moment, la jalousie agita son cœur, qui bruloit de se venger de la duchesse d'Albe; car pour Pignatelly, elle le croyoit assez puni par quelques reproches. Cependant elle l'attendoit avec impatience, pour lui faire voir qu'elle connoissoit toute sa perfidie. Justement Pignatelly vint dans ce jour chez la princesse. Il vit bien, à son air, que quelque dépit l'agitoit. Elle lui fit des reproches accablans pour tout autre que pour lui; mais comme il connoissoit le moyen de l'appaiser, il ne fut pas beaucoup ému. Il fallut lui expliquer la nature du crime dont on l'accusoit; la boite sacrifiée à la duchesse d'Albe lui expliqua le mystère. Il vit qu'il ne pouvoit feindre cette circonstance, mais du moins il en adoucit ce qui pouvoit la rendre alarmante pour la princesse: il lui dit qu'en effet cette boite avoit été dans les mains de la duchesse, qui, la lui voyant un jour, en admira le fini et le précieux avec un enhtousiasme qui faisoit assez connoître l'envie extrême qu'elle avoit de posséder ce bijou: je ne pus, ajouta Pignatelly, me refuser à le lui offrir; je n'eus pas plutôt porté les premières paroles, qu'il fut accepté. J'ai cru, pour l'intérêt de votre réputation, devoir lui cacher la source dont il me venoit, et je fus, par ce moyen, obligé de me priver de ce gage de votre tendresse dont je n'aurois jamais voulu me séparer.

La princesse feignit d'être satisfaite de cela. Mais comment, lui dit-elle, accorder cet empressement, ce desir de la duchesse d'Albe, d'avoir ce bijou, avec le mépris dont elle le couvre, en le donnant à cet homme, pour s'en servir comme d'une pomadière? C'est donc caprice, pure coquetterie, qui la fait agir ainsi? Pignatelly se trouva dans la dure nécessité d'applaudir aux traits malins que la princesse lançoit sur sa maîtresse. On en vint à l'article du diamant. Vous ne me direz pas non plus, que ce diamant ne vient point d'elle : elle a donc eu des projets sur vous? Vous avez donc fait cet échange ? Car enfin, comment vous justifierez-vous de ce diamant? Vous ne pouvez plus me taire la vérité; tout dépose contre vous, et la duchesse d'Albe, peut-être plus heureuse que moi, a obtenu par amour des caresses que vous ne m'avez prodiguées que par respect. Pignatelly, pressé par des questions si embarrassantes, fut un peu décontenancé; mais cependant il tint tête à l'orage, et il soutint plus que jamais, que ce diamant lui avoit été acheté à Paris; il fut même jusqu'à lui en offrir la preuve, en supposant qu'il pourroit encore lui prouver l'achat, par la facture du marchand, qui devoit être dans ses papiers.

Que la princesse crût, ou non, à la sincérité de Pignatelly, elle feignit d'être satisfaite, et le raccommodement fut scellé par les plus tendres caresses. Elle ne fit point acheter à son amant si cher ses faveurs, que la duchesse d'Albe. Malgré l'amour-propre qui domine les femmes, l'épouse du prince des Asturies savoit bien que la nature ne l'avoit pas avantagée des dehors séduisans d'une partie des femmes de sa cour, et principalement de la duchesse d'Albe. Elle pardonnoit, dans le fond de son cœur, à Pignatelly cette petite infidélité, mais elle ne voulut point laisser paroître son indulgence, dans la crainte que son amant n'en abusât.

Pignatelly, après avoir fait sa paix avec la princesse, fut recevoir de nouveaux bienfaits de sa bien-aimée. Le plaisir fut plus vif entre eux, parce qu'ils s'aimoient réciproquement. Si la princesse jeta des brocards sur la conduite de la duchesse d'Albe, celle-ci, de son côté, n'épargnoit point la princesse, et le dépit jaloux de ces deux femmes flattoit intérieurement l'amour-propre de Pignatelly.

Malgré la paix apparente qui régnoit entre la princesse et son amant, elle n'oublia pas pour cela l'injure qu'elle en avoit reçue ; la jolie duchesse lui offusquoit la vue, et elle pensa aux moyens de la faire congédier du palais. Elle en vint à bout, en persuadant à son époux qu'elle étoit de mauvaise mœurs, et que ses intrigues étoient un scandale aux yeux de toute la cour; que d'ailleurs les autres femmes souffroient d'être obligées de faire le service avec elle. Le prince des Asturies en parla au roi son père, qui ôta à la duchesse d'Albe sa place au palais.

Cette insulte, qui prenoit sa cause dans la haine de la princesse des Asturies, redoubla encore les sentimens jaloux de la duchesse, qui, pour cette fois, ne voulut point garder aucun ménagement avec elle. Elle dissimula encore vis-à-vis Pignatelly, qui n'étoit point fâché de l'espèce de disgrace que la duchesse avoit éprouvée à la cour, parce que son éloignement pour ce séjour flattoit sa passion. La duchesse, entièrement maîtresse d'elle-même, et n'étant plus surveillée par des yeux observateurs, eut tout le tems de se livrer à l'amour que lui inspiroit Pignatelly; celui-ci pouvoit aussi rendre des soins à la princesse, sans craindre encore d'être surpris par sa maîtresse; tout le monde avoit lieu d'être satisfait. Mais la vengeance de la duchesse ne se bornoit pas qu'à vouloir enlever à la princesse son amant; elle attendoit avec impatience le moment de satisfaire ses desirs; mais l'ardeur de se venger l'emporta trop loin, et, pour vouloir humilier la princesse, elle perdit son amant. Voici comme le fait arriva.

La reine de France avoit envoyé pour présent à la princesse des Asturies des chaînes de montre en acier, d'un goût admirable et d'un fini comme l'on n'en avoit pas encore vu. Le roi, les princes en eurent, et Pignatelly fut le seul courtisan qui en obtint une ; la princesse lui enjoignit de ne la point quitter. Elle savoit bien par ce moyen-là, que la duchesse ne tarderoit pas à s'appercevoir de son triomphe sur elle. En effet, aussitôt qu'elle vit à Pignatelly cette chaîne, elle ne douta plus de ses nouvelles liaisons avec Marie-Louise, malgré les sermens qu'il avoit fait de ne plus renouer. Pour cette fois cependant, elle prit sur elle-même de ne point s'affecter, comme elle avoit fait les premières fois, mais elle pensa à punir l'orgueil de la princesse ; elle écrivit sur-le-champ à son chargé d'affaires à Paris, pour lui donner l'ordre de lui faire parvenir une centaine de chaînes semblables à celles que la reine de France avoit envoyées à la princesse des Asturies. Le paquet arriva : aussitôt que la duchesse l'ent reçu, elle distribua à ses gens ses chaines, et elle leur en donna pour distribuer aux principaux domestiques de la princesse. Son projet fut exécuté et sa vengeance alla plus loin qu'elle ne le vouloit.

L'on peut penser dans quelle colère entra la princesse des Asturies, lorsqu'après avoir questionné ses gens sur ces présens, elle apprit que cela venoit de la part de la duchesse d'Albe. Alors elle n'eut plus de doute sur la préférence que Pignatelly faisoit d'elle ; et elle crut ne pouvoir se venger mieux qu'en lui ravissant, sans espoir de retour, son amant. Elle alloit se punir elle-même ; mais quand la vengeance s'est emparée du cœur d'une femme, alors il est difficile d'en affoiblir les transports.

La princesse sollicita et obtint pour Pignatelly l'ordre de suivre l'ambassadeur d'Espagne en France, en lui enjoignant de ne point quitter ce séjour sans rappel de la cour. Pignatelly éprouva de violens regrets à sa séparation d'avec sa belle duchesse, qui ne fut pas non plus sans se repentir de son excès de jalousie ; mais l'ordre étoit précis, et Pignatelly n'avoit que vingt-quatre heures pour y obéir. Il n'alla point faire d'adieux à la princesse : tout son tems fut consacré à consoler celle que ses goûts indiscrets avoient perdue. Il fallut se séparer et obéir. Il passa en France, où il resta jusqu'en 1790, qu'il fut rappelé par la cour, au sujet de la révolution qui s'étoit opérée, et que le cabinet de Madrid étoit loin d'approuver.

Le départ de Pignatelly fut pour la duchesse d'Albe un coup de foudre; elle l'aimoit sincèrement, et elle avoit cédé trop promptement à un mouvement de jalousie. Elle sentit la faute qu'elle avoit commise en voulant jouer la princesse. Si elle eût renfermé en elle ses ressentimens, et qu'elle eût préféré jouir en secret et dans le silence des charmes de l'amour, plutôt que de se livrer aux mouvemens de la vengeance, son amant ne lui auroit pas été enlevé. Pour la princesse, elle faisoit volontiers le sacrifie de Pignatelly, malgré que sa conquête l'avoit flattée; mais le rang qu'elle occupoit l'assuroit d'avance de son triomphe sur tous ceux dout elle brigueroit la possession. Elle n'écouta plus même que la voix de l'amour, et celle des bienséances fut étouffée.

Jusque-là la, princesse n'avoit donné à son mari pour rivaux, que des gens dont le mérite et la naissance sembloient excuser une erreur. Moins réservée depuis la perte de Pignatelly, elle ne consulta plus que l'élan du plaisir, et elle admit à ses plus secrettes faveurs de simples gardes-du-corps, dont l'apparence, il est vrai, prévenoit une femme passionnée en leur faveur. Nous allons voir se succéder deux frères; et le tableau que nous allons offrir des turpitudes de Marie-Louise, s'il n'est pas édifiant, est du moins authentique et peint d'après nature. Le plaisir des sens remplaça chez la princesse le sentiment, tant il est vrai que l'habitude du libertinage émousse le goût, et avilit ceux qui s'y livrent. La princesse des Asturies, placée dans un rang inférieur, n'auroit pu fixer des gens d'un goût délicat. Ses charmes, au-dessous du médiocre, ne pouvoient lui faire faire que de difficiles conquêtes; mais l'état de splendeur où elle étoit élevée, le trône que son mari devoit un jour posséder, tous ces avantages la faisoient rechercher des ambitieux. Cependant le premier qui succéda à Pignatelly, fut un simple garde-du-corps. Une figure heureuse, une taille avantageuse prévenoient en sa faveur. La princesse aimoit beaucoup la musique et sur-tout la guitarre. *Ortiz*, sur lequel elle avoit jeté le mouchoir, en pinçoit fort bien, et ce talent ne tarda pas à le faire remarquer de la princesse. *Ortiz* fut enchanté de cette occasion, qui pouvoit être favorable à son élévation. Il répondit aux instances de la princesse, et lui fit bientôt oublier Pignatelly. Sa vigueur répondoit aux

desirs

desirs empressés de Marie-Louise, qui eut lieu de se convaincre avec lui, que ce n'est pas dans le rang le plus élevé que l'amour choisit ses plus fiers athlètes.

Ortiz, indiscret comme sont tous les hommes, fit imprimer, sous des noms supposés, sa conduite amoureuse avec la princesse des Asturies. « Je connoissois depuis long-tems, dit-il, l'humeur libertine de Zelmire : c'est le nom sous lequel il la peignoit la princesse; mais je connoissois en même tems toute sa fierté et son orgueil. L'état où le hasard m'a placé, n'étoit pas capable de nourrir en moi l'espoir d'être remarqué de cette femme, à moins que le caprice ou le desir de se voir servir par un homme qui portoit sur sa figure toutes les marques d'un héros de boudoir, ne déterminât Zelmire à m'associer à ses illustres amans. Ce que je n'avois pu prévoir arriva. Un jour que j'étois occupé à lire un de ces ouvrages que les jeunes gens dévorent, et qui alimentent en eux les passions qui les agitent, me croyant seul sous un berceau écarté d'un des jardins du palais, je m'entretenois avec la charmante *Thérèse-Philosophe*, et j'admirois les gravures qui ornoient ce recueil. Je n'avois ni vu ni entendu venir Zelmire; cependant elle étoit derrière moi, qui contemploit les estampes de mon livre. Elle partageoit le trouble qui m'agitoit, comme elle me l'a avoué depuis. Peut-être même ne dus-je ses faveurs qu'à ce moment de délire.

Le cœur brûlant d'amour, le visage enflammé, Zelmire ne put retenir un soupir que lui arrachoit dans cet instant un passage de mon livre. Quelle fut ma surprise, lorsqu'en me retournant, je me trouvai le visage sur la gorge de Zelmire, qui avoit à dessein ouvert son fichu. Troublé, éperdu, j'allois fuir, lorsque me serrant étroitement dans ses bras, elle ne m'en laissa pas la faculté. Je fis encore quelque résistance; mais je compris par ses caresses, qu' je n'avois rien à craindre, et que l'heure du berger étoit sonnée pour moi.

Je me mis en devoir de répondre à ses désirs. Le berceau où nous étions étoit éloigné du jardin commun ; l'on n'y pénétroit qu'après avoir traversé un labyrinthe dont peu de personnes avoient le secret. L'instant nous étoit favorable ; il étoit à-peu-près sept heures du soir, dans une belle journée d'été. Zelmire avoit un déshabillé élégant, et à-la-fois voltupteux. Elle se jetta nonchalamment sur un banc de verdure, que des touffes de roses ombrageoient. Sa gorge palpitante sembloit vouloir se dégager de ses entraves; j'achevai de la mettre en liberté. Zelmire n'étoit point belle ; mais dans ce moment, elle l'auroit disputé à Vénus même : le crépuscule de la nuit, la douce lueur que la lune répandoit sur l'ombre de nos feuillages, l'abandon voluptueux où étoit plongée Zelmire, tout cela formoit un tableau délicieux de cette scène, dont je me souviendrai toute ma vie, et qu'ici je retrace encore avec délices. J'ai vingt fois, depuis, foulé l'édredon et le duvet avec Zelmire, et je n'ai jamais goûté des plaisirs aussi piquans. Enfin nous restâmes dans ce doux extáse où l'amour nous avoit plongés, près d'une heure.

Zelmire ne revint à elle que pour invoquer de nouveau le dieu des jardins, à qui nous venions de sacrifier. Ses mains caressantes rappelèrent la nature qui avoit succombé sous des efforts multipliés ; elle lut dans mes yeux un nouveau triomphe, et elle se hâta d'en profiter. Jusque-là notre scène avoit été muette, si l'on en excepte quelques mots arrachés par le plaisir. Je lui marquai mes craintes, et lui fis entendre qu'il seroit à propos de quitter des lieux où l'on pourroit nous surprendre : elle me rassura, en me disant que la seule avenue qui conduit au labyrinthe étoit gardée par une confidente, et que je n'avois rien à craindre ; que je pouvois me livrer tout entier aux charmes qui m'étoient offerts. Je voulus lui peindre mon étonnement, de ce que j'avois obtenu d'elle des marques d'un amour auquel je ne pouvois m'attendre. Elle m'interrompit, en me conjurant de ne point parler, dans ces momens enchanteurs, de respects que n'admettoit point le plaisir. Au château, me dit-elle, je suis ta maitresse, et ton amante sous le berceau. Elle me scella ces paroles par un baiser affectueux, en m'assurant qu'elle étoit contente de moi; et pour me le prouver, elle me fit présent d'un très-beau diamant. Zelmire à regret, quitta ce réduit enchanteur : serrée dans mes bras, elle s'abandonnoit à mes volontés; elle sembloit accuser la nature, lorsque l'amour parloit encore à son cœur.

Il commençoit à se faire tard, et une longue absence auroit bien pu faire soupçonner Zelmire. Elle me fit les plus tendres adieux, et me donna parole pour le surlendemain, dans un petit boudoir qu'elle avoit fait arranger dans un endroit écarté de ses appartemens ; un escalier dérobé servoit merveilleusement ses desseins, et son époux ignoroit ce réduit, qui n'étoit disposé que pour l'amour.

Enchanté de cette conquête par son importance, je résolus de faire servir à ma fortune les faveurs du destin. Zelmire pouvoit tout faire pour moi; aussi j'étudiai ses goûts, pour me mettre en état de les satisfaire : elle fut contente de ma docilité, et je n'eus pas à m'en repentir. Le jour indiqué par mon amante arriva : une fille m'introduisit dans cet endroit vraiment délicieux. Après avoir traversé deux petites pièces fort simplement décorées, je parvins dans un sallon charmant, dont les fenêtres donnoient sur une campagne riante. La vue n'étoit bornée que par une masse imposante de montagnes, où le soleil varioit à l'infini les effets les plus piquans. Des jalousies symétriquement arrangées, ne laissoient parvenir dans cet oratoire de Vénus qu'un jour mystérieux, sans rien sacrifier des beautés que nous offroit une campagne agreste.

Lorsque j'entrai, je trouvai Zelmire se reposant sur un large canapé, ombragé par des rideaux cramoisis. Ma visite lui fut fort agréable, et ce fut sur ce nouveau trône, où nous sacrifiâmes au dieu qui faisoit nos délices. Nous occupions les momens de repos à médire de son époux, dont elle aimoit à parodier les manières. J'avois si bien saisi son air lourd et brusque, qu'elle me faisoit faire souvent la répétition de ce rôle, qui lui plaisoit infiniment. Je me prêtois à toutes ses vues, dans l'espérance d'une récompense proportionnée aux dangers que je courois. Effectivement elle parvint à me faire nommer à un grade que je n'avois pas droit d'attendre, par l'obscurité de ma condition, et plus encore par la modicité de ma fortune. »

La relation d'Ortiz n'offre plus que des traits peu saillans, ou des tableaux trop licentieux. Nous reprenons nous-même le récit des actions de la princesse.

Ortiz fut bientôt oublié par Marie-Louise, qui avoit fait le projet de s'emparer du cœur de don Louis Godoy, garde-du-corps, dont les talens dans la musique avoient charmé la reine. Don Louis ne fut pas long-tems sans appercevoir que son tour étoit arrivé. Il n'est point d'homme qui ne cède à l'ambition, et don Louis crut que ce moment étoit décisif pour lui : il répondit aux intentions de la princesse, qui fut enchantée de sa nouvelle conquête, et qui même auroit presque tout haut publié son caprice. Personne ne fut dupe de ces amours-là ; il n'y eut que son époux, qui, sans cesse occupé dans le cabinet ministériel, ne faisoit pas grande attention aux sarcasmes qu'on lançoit sur lui.

La princesse avoit entièrement levé le masque, et sa manière de se conduire au palais même n'étoit plus équivoque. On la vit traverser plusieurs fois les appartemens en déshabillé élégant et voluptueux, pour aller s'entretenir avec don Louis Godoy, lorsqu'il étoit de service. Un jour même, elle y fut surprise par le prince, qui, ne se doutant point du véritable sujet de la conversation de ces amans, s'approcha d'eux fort doucement, et donna un léger coup de main sur le derrière de la princesse, qui, sans se déconcerter, lui dit qu'elle venoit s'informer de l'heure qu'il étoit. Ils partirent ensemble, et par quelques caresses que la princesse produigua à son époux, elle lui ôta jusqu'à l'idée du soupçon.

Don Louis n'étoit pas si tranquille que Marie Louise; il craignoit que l'intrigue ne se découvrit! et d'essuyer le ressentiment du prince : mais rien ne transpira, et la princesse sut se ménager son amant, qui lui devenoit de jour en jour plus cher. La princesse se livroit aux prestiges d'une illusion exaltée; elle croyoit posséder seule le cœur d'un amant, qui lui devoit l'espoir de sa fortune; elle croyoit que l'avantage d'une couronne tenoit lieu des dons de la nature, et que Vénus même devoit s'abaisser devant l'éclat du diadême : combien peu elle connoissoit le cœur des hommes, et les loix que la beauté est en droit de dicter !.... L'on peut résister aux appas de la richesse, mais non à ceux de l'amour.

Don Louis, que la princesse des Asturies avoit fait monter au grade d'exempt des gardes-du-corps, étoit recherché de toutes les sociétés; ses talens le faisoient aimer. Il eut occasion, en parcourant les divers cercles, de voir mademoiselle ***. Sa beauté le frappa; il fut empressé de rechercher sa bienveillance. Mademoiselle de *** ne fut point fâchée de voir un aimable cavalier se ranger sous ses loix. Elle avoit de l'esprit, ce qui fixa irrévocablement don Louis. Cette alliance fut remarquée, et bientôt l'on ne parla plus que des amours de don Louis et de mademoiselle ***. Chacun s'attendoit à voir un prompt hyménée les couronner. Comme l'on n'ignoroit pas que don Louis ne devoit son élévation qu'à la princesse, et que l'on devinoit quel en avoit été le prix, l'on ne fut pas fâché de donner de la publicité aux nouvelles prétentions de don Louis. Cela vint aux oreilles de la princesse, qui, furieuse de se voir trompée, ne voulut pas au moins voir triompher sa rivale.

Elle fit à son amant les plus vifs reproches ; il eut beau s'excuser, il ne put obtenir sa grace : l'amour-propre étoit outragé, et jamais une femme ne pardonne ce crime. La princesse ne pensa plus qu'aux moyens de se venger de son ingrat amant, et pour cet effet, elle lui fit obtenir le brevet de colonel, à la suite d'un régiment de milice à Badajoz, et il reçut en même tems l'ordre du roi, de se rendre sous vingt-quatre heures à son poste.

Ce fut dans ce moment qu'il regretta l'état obscur d'où les faveurs de la princesse l'avoient tiré; il auroit voulu qu'il fût en son pouvoir de redevenir simple garde-du-corps, et posséder sa chère D***. Mais ses vœux étoient impuissans, et il ne pouvoit désobéir à son roi, sans se rendre coupable. Il prit donc le seul parti qui lui restoit dans cette ocsasion, et se prépara, non sans peine, à se séparer d'un objet dont la possession lui promettoit une source infinie de plaisirs.

La princesse étoit vengée; elle ne pensa plus qu'à donner un successeur à don Louis : elle jeta les yeux sur don Manuel Godoy, propre frère de don Louis, et semblable à la duchesse d'Albe, dont les amours avec les frères Macé sont connus, la princesse des Asturies voulut goûter le plaisir de subjuguer toute la famille. Le jeune don Manuel ne s'attendoit point aux proposition que lui feroit la princesse. L'avancement rapide de son frère n'étoit plus un mystère, et l'on connoissoit même les motifs de son brusque départ; en conséquencetoutes ces choses devoient faire cesser son étonnement : cependant il lui fallut un aveu formel pour croire à sa bonne fortune. Il entra en faveur presque aussitôt que son frère fut disgracié. Il n'avoit que vingt-un ans, et sa douceur le faisoit aimer de tout le monde. La princesse crut qu'elle fixeroit plus sûrement ce nouvel amant, et se proposa bien de lui faire tant d'avantages, qu'elle lui ôteroit jusqu'à l'idée d'ingratitude. Cependant, ne voulant point encore trop se fier à la bonne foi de don Manuel, elle prit un parti victorieux pour l'enchaîner. Il est utile de se rappeler que dans cette cour fanatique, tout se fait par l'entremise des prêtres, dont elle abonde. Marie-Louise conçut le projet de faire servir ces hommes de Dieu à la conservation de ses plaisirs ; elle paya largement deux prêtres, dont la seule occupation étoit de surveiller jour et nuit les actions de don Manuel ; ils ne le quittoient point, que lorsqu'il étoit dans les bras de la princesse. Cette fonction honorable, à laquelle la princesse destinoit deux hommes, dont le caractère devoit être plus respecté, fait assez voir combien l'intérêt les gouverne et les rend méprisables.

La cour ne tarda pas à pénétrer cette nouvelle intrigue, et les dépenses que fit don Manuel confirmèrent encore le soupçon, qui devint bientôt réalité. L'on connoissoit la médiocrité de la fortune de son père, et l'on ne fut plus dupe sur ce qui procuroit à don Manuel une existence plus aisée. Les deux amans passoient leurs jours dans l'ivresse d'un bonheur parfait, lorsqu'un évènement funeste vint troubler cette délicieuse harmonie; le roi mourut. Toute la nation fut en deuil de cette perte, qui en étoit véritablement une. Ce monarque avoit passé sa vie à méditer des projets utiles pour la nation, les lettres lui devoient le degré de splendeur où elles étoient élevées; il se plut à récompenser les savans et à les fixer dans ses états. Il fonda plusieurs sociétés, plusieurs académies. Celle connue sous le nom d'amis du pays, est surtout composée des plus brillans génies que l'Espagne vit naitre. Elle s'occupe de répandre la lumière sur toutes les branches des beaux arts, et sont en correspondance avec toutes les sociétés de l'Europe.

Le roi n'accorda point sa protection qu'aux arts, il s'occupa d'organiser l'armée et d'y conserver une discipline exacte : la marine attira de même son attention ; il la mit sur un pied respectable : aussi toutes les puissances de l'Europe s'accordèrent-elles à prodiguer des éloges au feu roi.

Cependant sa conduite ne fut pas admirée universellement ; l'on lui reprocha d'avoir dissipé le trésor de l'état, et de l'avoir grevé de cent millions de dettes, tandis qu'il avoit trouvé pareille somme dans les épargnes.

Cette imputation lui fut faite injustement. Charles III, obligé de soutenir des guerres qui n'avoient point été suscitées par lui, obligé de payer des dettes de son père, contractées pour la guerre de succession, guerre qui ruina pendant si long-tems la France et l'Espagne, n'avoit pu dissiper, comme on le disoit, les deniers de l'état. Mais quel est l'homme célèbre, dont la mémoire n'a pas été flétrie par le soupçon? Cependant celui-ci n'eut point de suite, et l'Espagne révère encore les cendres du fils de Philippe V.

Lorsque le prince des Asturies eut donné aux mânes de son père les regrets qu'il leur devoit, il s'occupa de l'intérêt des peuples. Depuis long-tems, comme nous avons dit, il partageoit avec Charles les travaux de l'administration; il apporta donc sur le trône les talens nécessaires pour bien gouverner. Mais tandis qu'il étoit livré entièrement à cette occupation, il ne pouvoit surveiller la conduite de la reine, qui devenoit de jour en jour plus licencieuse. Déja trois amans de remarque s'étoient succédés. L'aîné des frères Godoy, ayant sacrifié les faveurs de la reine à l'amour d'une fille aimable, fut à son tour sacrifié par la reine, qui se vengea de cette infidélité, tout en ayant l'air de récompenser ses services, en lui faisant donner, comme nous avons dit, le brevet de colonel du régiment de Badajoz.

Les amours de la princesse des Asturies avec don Manuel, le jeune frère de Godoy, n'étoient plus un mystère; et si la mort du roi détourna pendant quelque tems l'attention de la cour sur cette intrigue, l'imprudence de la princesse, devenue reine, réveilla bientôt les observateurs, qui eurent lieu d'épuiser leurs sarcasmes sur tout ce qu'une conduite à de plus irrégulier. Pour le nouveau roi, il ne se doutoit de rien, et, tranquille sur la fidélité de son épouse, il n'avoit pas le moindre soupçon que cette femme le trahissoit. Malgré son air haut et dédaigneux, il est l'homme le plus confiant de son royaume; d'ailleurs la passion de la chasse et du billard, qu'il porte à l'extrême, lui fait négliger les soins que tous les autres époux apportent à surveiller leurs femmes.

Loin d'être jaloux, le trop confiant Charles prépare à son épouse des moyens d'infidélité. Il connoît son goût pour la musique, et sur-tout pour la guitarre, instrument si favori aux Espagnols; on l'a vu plusieurs fois, en sortant de chez la reine, envoyer chercher Godoy, et lui commander d'al-l r amuser Marie-Louise, ayant lui-même pris souvent grand plaisir d'entendre chanter ce favori. Celui qui ménage de telles occasions à sa femme, de se laisser charmer et séduire, est loin de croire à son infidélité. Aussi Godoy profitoit-il bien de l'occasion; et, plus politique que son frère aîné, il sut faire servir à son avancement et à sa fortune les faveurs de la compagne de Charles, faveurs portées à l'extrême.

Captiver le cœur du jeune Godoy ne fut pas la seule entreprise de Marie-

Louise; elle voulut aussi réguer sur les Espagnols, comme elle régnoit sur son époux. Une fois assise sur le trône, elle voulut que tout lui fût subordonné : Florida-Blanca même, qui, depuis dix-huit ans, possédoit l'estime de la nation et du feu roi, fut obligé de plier le genou devant cette nouvelle idole, qui commandoit la soumission la plus illimitée au peuple et aux grands; Charles IV même n'étoit que son premier esclave. Ce prince eut la foiblesse de se laisser conduire par une femme artificieuse et déréglée. Est-il donc dans la destinée des rois, de se laisser tromper par un sexe volage et capricieux !...

Quel rapprochement l'on peut faire entre Louis XVI et Charles IV ! Tous deux aveuglés sur la conduite de leur femme, tous deux trompés par elles, tous deux entrainés dans l'abyme, en écoutant des conseils pervers, dont leur foible raison n'a pu les garantir, ils seront à la postérité un exemple effrayant de mollesse, et laisseront dans l'esprit des peuples une mémoire odieuse. Charles va encore entraîner son pays dans des malheurs incalculables, pour n'avoir pas eu la force de résister aux perfides insinuations de la reine, et pour avoir méprisé les conseils que l'homme le plus politique et le plus sage d'Espagne lui avoit donnés. Il a dédaigné les avis du comte d'Aranda, et c'est laissé entraîner dans cette ligue monstrueuse des rois de l'Europe, pour empêcher un peuple vaillant et brave de se régénérer, et d'établir dans son territoire le règne de la liberté et de l'égalité. La guerre de 1793 sera mémorable sous tous les rapports; et la postérité ne verra pas sans étonnement l'Hercule combattant contre l'hydre, dont les têtes semblent renaître à mesure qu'elles tombent. Mais reprenons le récit des actions de cette Marie-Louise, si digne en tout d'être assimilé à Marie-Antoinette.

Charles dans la plus parfaite sécurité sur la conduite de sa femme, crut ne pouvoir lui refuser le degré de faveur auquel elle prétendoit. Rien ne se fit plus que par l'entremise de la reine ; et son indolent époux donnoit à l'Espagne les loix qu'elle lui prescrivoit elle-même. Aucunes places ne se donnoient dans le civil, aucuns grades dans le militaire, sans que la reine y eût donné son assentiment : cette haute faveur augmenta bientôt la foule de ses courtisans, et, tout en blâmant et en accusant le roi d'ineptie et de foiblesse, on alloit porter son encens aux pieds de l'idole qu'on auroit voulu voir renversée.

Maie-Louise, satisfaite de l'empire qu'elle avoit pris sur son époux, promenoit ses regards audacieux sur de bas adulateurs dont toutes les cours fourmillent. Godoy, l'heureux Godoy ne partageoit pas les rigueurs de cette fierté : véritable époux de Marie-Louise, il étoit attentif aux soins que sa passion exigeoit, et il n'étoit occupé qu'à la satisfaire. Aussi les bienfaits les plus signalés récompensoient sa tendresse, dont la constance méritoit, de la part de la reine, un retour sincère. Plus amoureux que son frère, Marie-Louise n'eut point de reproches à lui faire ; et si d'autres femmes ont partagé son cœur, il eut le talent de dissimuler, et rien n'a pu faire soupçonner d'infidélité de sa part. Cette réserve lui fit son bonheur. Il marcha d'un pas rapide dans la carrière des faveurs, et vit accumuler sur sa tête les places les plus importantes.

L'on doit se rappeler que Godoy étoit né de parens pauvres et peu distingués. Son père même n'accepta qu'avec répugnance les emplois qu'on le força de prendre à la cour. Aussitôt que la reine fut en pouvoir de disposer des places, elle fit obtenir à son amant bien aimé celle de surnuméraire dans les gardes-corps-du-corps. Cette place médiocre fut remplacée quinze jours après par celle d'exempt surnuméraire. Pour augmenter sa fortune, on lui donna presque dans le même tems la place de sur-intendant de la loterie royale, ce qui vaut annuellement trente mille livres. Après avoir travaillé pour sa fortune, la reine travailla pour l'orgueil : elle lui fit donner l'ordre de S. Jacques. Il ne fut pas plutôt décoré de cet ordre, qu'elle le fit faire commandeur ; place qui augmentoit ses revenus de vingt-cinq mille livres. Cette rapidité avec laquelle le jeune Godoy parvenoit, donna de la jalousie et excita l'aiguillon de la satire ; mais la reine, peu sensible aux sarcasmes qu'on lançoit sur elle, ne s'en vengeoit qu'en accablant son amant de nouvelles faveurs. Elle ne voulut pas ne les étendre que sur lui ; toute sa famille se ressentit de de sa bonne fortune.

Le père de Godoy, homme dont le caractère franc ne pouvoit guère s'accorder avec la cour, fut obligé d'abandonner un champêtre séjour qu'il habitoit, pour venir dans celui de la perfidie et de la dissimulation. L'on le força d'accepter la place de garde du sceau, (ou de la griffe du roi), place qui rapporte quinze mille livres de rente. Les mœurs austères du père du favori eurent de la peine à s'accommoder de celles des courtisans; mais les importunités de son fils firent cesser la répugnance qu'il avoit de paroitre à la cour : il accepta, et fut bientôt comblé d'honneurs et de richesses par l'amante de son fils.

Les faveurs et les prodigalités de la reine se répandirent pareillement sur toute la famille Godoy : une sœur de l'heureux amant s'étoit amourachée de M. Thompson, qui srevoit dans un régiment en garnison à Badajoz. Cette sœur même, dit la chronique scandaleuse, en étoit à un terme fort avancé avec le jeune Thompson : les officiers principaux de son régiment, craignant pour lui les suites de cet amour, lui accordèrent un congé, et le firent quitter Badajoz. La jeune Godoy se consola de la perte de sou amant par les bonnes graces de sou frère, qui la fit venir à la cour, et qui lui fit donner le rang de camariste chez la reine : des dons multipliés lui firent oublier Thompson.

Godoy avoit un frère qui végétoit avec un très-mince bénéfice. Il fut sur-le-champ porté à la cathédrale de Badajoz à une place de chanoine, et devint dans la suite un très-riche bénéficier. Enfin le plus jeune des Godoy, qui n'avoit tout au plus que quatorze ans, eut le grade de sous-lieutenant de cavalerie dans les volontaies d'Espagne. Tel fut l'état où se trouva placé la famille des Godoy, lorsque Marie-Louise parvint à la couronne. Elle ne se lassa point d'étendre ses faveurs et ses bienfaits sur cette famille, qui jouit encore de la plus haute considération, par les places qu'elle occupe.

L'on n'avoit pas besoin de nouveaux témoignages de la lubricité de la reine, lorsque ses prodigalités pour la famille de son favori instruisoient les moins clair-voyans. Le roi seul étoit dupe de la conduite de sa femme, et l'avoit été dans tous les tems ; car avant la mort du roi son père, elle avoit donné les preuves les moins équivoques de son libertinage, puisque Charles III lui-même fut obligé d'exiler deux des amans de la princesse. L'aveuglement de son fils étoit si grand, qu'il plaisantoit lui-même sur le sort des seigneurs de la cour à qui leurs femmes faisoient infidélité. Charles III, un jour de ces conférences, lui dit ces paroles remarquables : « Mon fils, vous êtes marié, et par conséquent exposé aux mêmes traits que vous lancez sur les autres. » Le prince, loin de comprendre le véritable sens de ces paroles, lui répondit : « Papa, Marie-Louise n'est pas dans le cas de s'oublier ainsi. » La conversation en resta là, et ce prince, trompé plus que jamais, devint encore plus confiant, et il conservera son erreur jusqu'au tombeau.

L'élévation subite de la famille des *Godoy*, sans étonner personne, parce que l'on en connoissoit la cause, fit un changement extrême dans l'opinion publique. Avant ce tems, ceux d'un rang un peu distingué regardoient avec mépris ces simples gentilhommes; la fierté naturelle aux Espagnols se seroit trouvée offensée de rechercher l'estime et l'amitié des *Godoy*. Mais aussitôt que la reine eut fait disparoître l'intervalle qui séparoit les grands de cette famille obscure, alors Godoy eut ses courtisans, ses adulateurs; chacun s'empressoit de lui prouver sa soumission; et un de ses regards étoit une faveur inappréciable. Le dernier de ses parens étoit recherché avec un soin extrême, et cette famille étoit la sonrce des graces; c'étoit par elle qu'elles se dispensoient. Cette favaur étonnante dure encore, et on a lieu de s'étonner de la constance de Marie-Louise. Sans doute ses occupations diplomatiques la distraient de son goût volage et passager, ou plutôt les sions toujours empressés de l'heureux amant l'ont su fixer.

Le reine, pour qui le plaisir paroît être un élément, n'abandonne pas pour lui la carrière politique; toujours admise aux conseils, rien ne se fait que par elle; et les ministres sont obligés de conférer avec elle de leurs travaux, auxquels elle prend grande part. Cette foiblesse de Charles IV le fait mépriser, mais aucun des courtisans n'est assez vrai, ou assez hardi, pour lui faire appercevoir le ridicule dont il se couvre, en se laissant conduire par une femme qui ne peut, à aucun égard, mériter son attachement.

Tel est le sort des rois, d'être sans cesse trompés par ceux qui se font gloire d'être leurs meilleurs amis; ou plutôt les rigueurs du despotisme ont exilé pour jamais la verité des cours. Il n'est point d'homme dont l'orgueil ne soit blessé, lorsqu'on lui fait voir qu'il a des torts. Si ce défaut empoisonne l'intérieur de la société, combien, à plus forte raison, doit-il commander dans les cœurs, qu'on élève pour recevoir tout ce qu'il y a d'enviant ? Comment espérer trouver sur le trône un homme à l'abri du poison de l'adulation ?... Peuples qui vous plaignez de vos rois, ils sont votre ouvrage ; leurs défauts viennent de vous, et vous leur en faites après un crime !... Soyez donc justes et conséquens avec vous-mêmes. N'allez pas ramper bassement sur les marches du trône que vous avez élevé; conservez la dignité de votre être, et ramenez à ses véritables fonctions celui qui ne peut et ne doit être que votre appui, et qui doit sur-tout veiller à vos propriétés, et non les violer. C'est alors qu'un peuple qui agiroit ainsi, pourroit se laisser gouverner par un roi. Mais dans toutes les monarchies le despotisme étend ses ravages ; un roi montant sur le trône abjure en quelque façon le titre d'homme, et devient le persécuteur de ses semblables, par ce qu'on lui a laissé le pouvoir honteux de faire le mal. N'est-il pas avilissant pour la nation espagnole de se voir gouvernée par une femme, et quelle femme encore ! N'est-il pas honteux pour son mari de porter le sceptre, dont il ne fait usage que par les mains de cette femme ! ... Notre siècle a vu trois fois déja ces monstruosités : en Allemagne, Marie-Thérèse; en France, Marie-Antoinette, et en Espagne, Marie-Louise. Cependant, si Marie-Thérèse usurpa le pouvoir de son mari, ce fut pour travailler à sa gloire, et l'on ne peut refuser à cette femme quelques éloges. Elle a fait oublier l'irrégularité de ses mœurs par un courage peu commun, et le tableau de cette femme luttant contre les forces de la France, et ayant à peine une ville où elle soit assurée de faire ses couches paisiblement, présente un intérêt piquant. La gloire qui suivit ses armes, et qui mit le diadême sur la tête de son mari, lui est due toute entière. La France avoit du moins une ennemie digne d'elle. L'on pourroit se faire la question : Pourquoi la France combattoit-elle pour des intérêts qui lui étoient entièrement étrangers ? on ne peut la résoudre, qu'en blâmant la nation, qui s'est conduite à cet égard comme se conduisent aujourd'hui l'empereur et le roi de Prusse, qui, sous le prétexte de la cause des rois, entraînent des milliers d'hommes dans le précipice; tactique horrible, et qu'on ne verra finir qu'avec l'extinction des têtes couronnées.

Pour la France, Marie-Antoinette l'a entraînée dans des malheurs incalculables. Après avoir joué le rôle de coquette et de libertine, son ame, pétrie de tous les vices, voulut satisfaire sa férocité par la ruine totale d'un peuple qui l'avoit jadis adorée; elle mit tout en œuvre pour consommer son projet. Son imbécille époux, trop foible pour résister à ses dangereux conseils, se montra l'oppresseur de la

France, au moment où il devoit être son soutien. Des plans aussi mal combinés que mal exécutés, entraînèrent Louis sur l'échafaud ; exemple terrible pour les rois foibles, et capables de se laisser conduire par des femmes ambitieuses.

Il n'y a point de doute que Marie-Louise ne soit aussi celle qui a le plus contribué à la guerre contre la France, guerre qui sera plus funeste à l'Espagne qu'à nous. Les importunités de la reine pour l'avancement de Godoy devoient faire soupçonner au roi le commerce secret de ces deux amans ; mais il ne se douta de rien, et prêta lui-même les mains à cet avancement, trop rapide pour être l'effet du mérite du protégé. Le tems du couronnement du roi approchoit ; il devoit aussi passer toutes les troupes en revue : cette cérémonie devoit être pour l'Espagne une fête, et Marie-Louise voulut que son amant y tînt un rang distingué. Il n'étoit encore que colonel. Cette place ne flattoit pas assez l'orgueil de la reine, qui voulut que Godoy ne comptât pas beaucoup de gens au-dessus de lui dans une si grande solemnité. Elle conseilla au roi de faire revivre l'ancien régiment des gardes-du-corps, pour faire obtenir à son amant le titre d'aide-major-général, ce qui lui donnoit un rang très-élevé; l'imbécille monarque céda aux demandes de sa femme, et remit sur pied ce régiment. Godoy eut ce que la reine désiroit, et la fête fut célébrée avec la plus grande pompe; le jeune prince des Asturies prêta le même jour son serment de fidélité.

Godoy avoit un excès de faveur si grand, qu'il disposoit en quelque sorte des deniers de la reine. L'anecdocte suivante va le prouver. Le marquis de Branciforte, qui avoit été employé aux îles de Canaries et de Cuba, comme gouverneur, avoit dans ces îles commis des exactions odieuses, et avoit pour cela été condamné aux arrêts, jusqu'à ce qu'il eût payé une somme considérable, dont il étoit débiteur. Ni sa haute naissance, ni le rang distingué qu'il tenoit, ni les personnes de marque de qui il étoit parent, rien ne put le sauver de satisfaire à ses dettes, malgré qu'on avoit tout employé pour obtenir son élargissement. Voyant donc qu'il n'avoit point de ressource, il prit celle de flatter le puissant Godoy, et de chercher sa protection, chose qu'il se seroit bien gardé de faire dans tout autre tems. La sœur de la reine, l'infante de. . . . avoit, dit-on, favorisé *Branciforte*, et il existoit entre eux une liaison très-intime. Cependant elle ne put faire elle-même ce que fit Godoy en faveur de son amant.

Ce dernier, voulant absolument sortir de l'embarras où il étoit, et faire effacer de la mémoire sa conduite passée aux îles Canaries, se détermina à demander la sœur de Godoy en mariage; cette sœur, de qui toute l'Espagne connoissoit l'intrigue avec le jeune Thompson, et qui, comme nous l'avons dit, étoit devenue, à la sollicitation de son frère, camariste de la reine.

Godoy fut dans le plus grand étonnement à cette proposition. Branciforte étoit d'une ces meilleures maisons de Naples ; il avoit un frère grand d'Espagne ; son oncle étoit ambassadeur à la cour de Madrid ; enfin il étoit parent ou allié des premiers gentilshommes. Godoy profita de la détresse où se trouvoit Branciforte, pour procurer à sa sœur une alliance qu'elle ne pouvoit espérer. Le traité fut bientôt conclu, et la main de la sœur du favori brisa les chaînes qui retenoient Branciforte. La reine paya ses dettes, lui fit obtenir la place de gouverneur et commandant de Madrid, au grand étonnement de tout le monde, qui ne pouvoit croire à une semblable révolution. La reine crut ne pouvoir assez faire pour ce mariage ; et malgré que la place qu'avoit obtenu Branciforte étoit aussi honorable que lucrative, Marie-Louise combla de présens la jeune marquise : ces présens consistoient en diamans, bijoux, et dix mille livres par mois à prendre sur sa cassette, qu'elle accorda à titre d'épingles, à l'épouse de Branciforte. Le favori, de son côté, s'empressa de prouver aux nouveaux époux sa générosité. Enfin les présens étoient si considérables, que le roi lui-même en fut surpris, et qu'il lui demanda un jour devant la reine, comment il pourvoit suffire à tout cela.

Godoy, sans se troubler, lui répondit que ces présens étoient l'effet des générosités de sa majesté : On en resta là ; et le monarque crut que c'étoit l'épargne des émolumens de ses places, et fut très-éloigné de penser que c'étoit de la reine dont Godoy vouloit parler.

Voilà les désordres dans lesquels une femme libertine entraîne un pays qui est sujet à ses caprices. Quelle réflexion

cela

céla devroit faire faire aux peuples ! Il n'est point d'espagnol qui n'ait blâmé la conduite de la reine, qui n'ait vu, sans une secrète horreur, les richesses de l'état détournées de leur véritable destination par une prodigalité criminelle, et venir enrichir les objets de débauche d'une femme perverse ; il n'en est point, dis-je, qui n'ait blâmé cette affreuse conduite intérieurement; mais le frein de l'esclavage étant attaché sur toutes les bouches, l'on n'ose faire entendre le cri de la vérité. C'est par cette basse complaisance que les souverains sont parvenus à multiplier les chaînes de leurs sujets. C'est donc aux peuples qu'il faut s'en prendre, si l'on compte encore des esclaves au lieu d'hommes libres. Il est à présumer que l'Espagne et l'Italie seront les deux pays où cet esclavage durera plus long-tems, étant sous la verge des prêtres. Le fanatisme y tient lieu de religion, et l'ignorance fait triompher des hommes perfides, qui rapportent tout à leurs communs intérêts.

Mais l'orgueil balance en Espagne le fanatisme, et ces deux maux infestant ce pays, il n'est point à présumer qu'une saine philosophie viendra s'y établir : l'espagnol ne feroit pas volontiers le sacrifice de ses titres fastueux, auxquels il ajoute tant de prix. Ce sera l'homme qui se rapprochera le moins de la nature, et par conséquent celui qui sera le plus long-tems esclave. Il voit toutes les déprédations des courtisans, il voit une reine envahir tous les pouvoirs; et un sentiment naturel d'indignation ne le réveille pas de sa léthargie ! D'après une semblable tranquillité, on ne peut rien espérer de ce peuple. Loin de blâmer la mauvaise conduite de la reine, il saisit les momens de lui prouver sa joie et son attachement. En 1789, Marie-Louise accoucha d'une fille, c'étoit le premier enfant depuis qu'elle étoit sur le trône. Les fêtes furent brillantes, et la reine répandit des grâces sur toutes les classes ; l'armée, la marine, et les gens qui composoient la maison du roi, eurent part aux bienfaits ; mais les plus signalés furent pour la famille Godoy. Marie-Louise voulut que cette époque fût marquée à son amant par de grandes faveurs. Elle lui fit obtenir l'ordre du Saint-Esprit ; et l'on remarqua que le crachat dont elle lui fit présent fut estimé sept cent cinquante mille livres. A cette faveur elle en accorda bientôt une autre. Le marquis de *Ruchena*, qui avoit été major-général des gardes-du-corps pendant l'espace de cinquante années, obtint une retraite honorable ; et Godoy lui succéda dans la place de major, ce qui lui donnoit le titre de lieutenant-général des armées, malgré qu'il n'étoit encore âgé que de vingt-cinq ans.

Une si haute faveur fit murmurer les courtisans ; mais trop rampans pour éclater, ils ne firent rien paroître, et s'empressèrent au contraire de faire leur cour à celui qui secrettement étoit l'objet de leur haine. Godoy, sans s'embarrasser des sarcasmes qu'on pouvoit lancer sur lui, ne s'occupoit qu'à profiter de cette faveur, et d'établir sa fortune sur les prodigalités de la reine. Il fit nommer son père au conseil des finances, malgré qu'il n'y entendît rien, de son propre aveu, et qu'il n'aimoit point la cour. Mais de cette place il eut le profit et l'honneur sans en avoir la peine; car son fils obtint qu'il resteroit dans la province dont il ne put le tirer; malgré cela il recevoit par année vingt mille livres pour ne se mêler de rien. La mère de Godoy fut moins rétive; elle vint du fond de sa campagne apporter à la cour des manières tout-à-fait grotesques. Cela ne l'empêcha pas d'entrer en faveur auprès de la reine, qui s'amusoit avec elle à faire le linge nécessaire pour l'entretien de la jeune princesse nouvellement née, ce qui ne manquoit pas de beaucoup faire rire le roi.

Don Louis, le frère aîné de Godoy, celui qui avoit possédé les bonnes grâces de la reine avant son frère, et qui, par une infidélité, mérita qu'elle lui retirât, obtint cependant le titre de maréchal-de-camp, et la permission de venir dans la capitale ; mais on lui défendit de se montrer à la cour. Il se dédommagea de cette privation dans les bras des plus aimables filles de Madrid, et ne fut point, dit-on, jaloux de la conquête de son frère; car si l'on veut réfléchir que la princesse n'étoit rien moins que jolie, lorsqu'elle n'étoit encore que princesse des Asturies, et que déjà plusieurs enfans qu'elle avoit eus, avoient encore altéré le peu de fraîcheur qui lui restoit ; on doit bien penser que l'ambition conduisoit plutôt Godoy qu'un amour sincère et véritable. Mais ce qui fait l'éloge de ce favori, c'est qu'il s'intéressa à toute sa famille, et qu'il voulut qu'elle partagea ses bonnes fortunes. Le plus jeune de ses frères, comme nous avons dit, qui avoit été fait sous-lieutenant de cavalerie, fut nommé capitaine de grenadiers d'un régiment d'infanterie, que le marquis de Bao venoit de lever. Godoy, le favori, qui s'étoit employé pour lui faire avoir cette place, obtint encore qu'il auroit le titre de lieutenant-colonel : on ne pouvoit faire davantage pour un jeune homme qui n'avoit encore que quinze ans.

Pendant que Godoy s'efforçoit de placer avantageusement tous ses parens, son frère, le chanoine, étoit aux prises avec l'évêque de Padajoz, pour une fille qui étoit chez le chanoine, et qui offroit à tous les yeux des preuves de l'incontinence de l'abbé. L'évêque se fâcha, et voulut réprimer un tel scandale; l'affaire devenoit sérieuse, lorsque Godoy le favori lui fit changer de canonicat, et le transporta à Séville, lui en faisant donner un qui lui rapportoit quarante mille livres. Cette affaire divertit beaucoup les rieurs qui virent l'évêque de Badajoz humilié de n'avoir pu se venger d'un homme qui, suivant lui, donnoit à tous un scandale affreux. Le nouveau chanoine de Séville ne fut pas pour cela plus circonspect, et sa compagne bien aimée le suivit dans cette nouvelle place.

La reine cachoit si peu aux yeux du peuple sa turpitude, qu'elle avoit absolument levé le masque, et qu'elle donnoit publiquement les preuves de son libertinage ; on la vit en 1791, bravant l'étiquette reçue depuis si longtems, parcourir les rues de la capitale et des environs, n'étant accompagnée que de son favori, qui lui donnoit le bras, et d'un exempt des gardes-du-corps, chose qui ne s'étoit jamais vue en Espagne. Aussi Marie-Louise, pour couvrir en quelque sorte son imprudence, disoit-elle que c'étoit par l'orde de son médecin. Dans une de ses promenades familières, la reine passant sur le pont de Tolede, qui est à deux portées de fusil de Madrid, fut accueillie des sarcasmes d'une cinquantaine de lavandières qui s'écrièrent en voyant passer cette femme imprudente : moins de coquetterie et plus de pain. En effet, le pain, dans ce moment, étoit fort cher. La reine irritée de la hardiesse de ces femmes, en fit des plaintes à son époux en rentrant au palais. Charles donna l'ordre qu'un régiment fût envoyé pour les saisir et les conduire dans une maison de force ; l'ordre fut exécuté, et ces malheureuses femmes furent victimes de leur courageuse apostrophe. Ainsi, de tous tems, les monarques ont sévi avec rigueur contre ceux qui ont voulu lever le coin du manteau dont ils couvrent leur perfidie. Ainsi, ils ont rivé les fers du peuple qui les nourrit. L'entreprise hardie de Charles IV ne fit point impression sur une nation accoutumée au joug, et qui ne met son orgueil qu'à conserver ou se créer des titres vains qui les arrachent du sein de la nature, et qui en font d'illustres paresseux.

L'on se contentoit de blâmer dans le secret l'action de la reine, qui, pour cette fois, perdit dans le peuple cette popularité dont on l'avoit gratuitement gratifiée, n'étant encore que princesse des Asturies; car comment accorder à une femme qui prodigue les trésors du peuple pour enrichir un ou deux favoris, le nom de bienfaisante ? mais de tout tems l'adulation fit, des crimes des souverains des vertus. Trop éloignés de la classe du peuple pour entendre ses gémissemens, ils sont trahis par les courtisans qui empoisonnent leur langage, et qui approuvent avec une complaisance criminelle, toutes les mesures que leur ingratitude leur suggère. Cependant la cherté du pain commençoit à faire fermenter les esprits : à ce sujet l'on fit une gravure qui fut répandue avec profusion; elle représentoit un homme couché sur un banc, et qui étoit dans l'attitude de vouloir se lever; un pain étoit suspendu au-dessus de sa tête, et il sembloit faire d'inutiles efforts pour l'atteindre ; on lisoit au bas ces mots : Si l'on ne te descend, je me souleverai. Cette caricature hardie sembloit être le présage de ce qu'il auroit pu arriver ; pourtant elle inquiéta la cour, qui ne voulut pas risquer l'événement : il n'en fut pas de cette fois comme de celle des blanchisseuses : le gouvernement prit un parti, et s'empressa d'arrêter l'effervescence du peuple, en faisant diminuer le pain; alors tout fut oublié, et la cour se livra, sans réserve, à ses premiers plaisirs.

La reine, dans les bras de Godoy, s'occupoit de donner à son époux des fils, et à l'Espagne des maîtres. Toujours Charles livré aux occupations diplomatiques, ne soupçonnoit pas sa femme, et vivoit dans une sécurité parfaite. Il n'en étoit pas de même du peuple. Malgré son étonnante réserve, Marie-Louise étoit l'objet de ses entretiens secrets, et son mécontentement se faisoit remarquer toutes les fois qu'il pouvoit en trouver l'occasion. Mais la reine et son favori n'avoient plus de mesures à garder; le secret étoit rompu; Charles étoit le seul qui ignoroit son déshonneur : sa confiance aveugle pour sa femme écartoit de lui toute idée de jalousie, ou seulement de simple inspection; car s'il eût voulu épier la conduite de Marie-Louise, et rapprocher toutes les circonstances de l'élévation du favori Godoy, il eût trouvé le mot de l'énigme; mais loin de penser à être jaloux et défiant, il consultoit chaque jour sa femme sur les affaires les plus importantes, et cette erreur subsiste encore.

Le peuple qui profitoit des occasions que lui donnoit le hasard, pour développer les amours de Marie-Louise, et la faveur de son bien-aimé, en eut une qu'il ne laissa point échapper. Les courtisans firent un rapport au roi que les chiens des particuliers ravageoient ses garennes ; alors le monarque irrité, ordonna de faire tuer tous les chiens. Dans ce massacre général, le peuple n'ayant pas la force de se venger, crut faire beaucoup que de lancer une épigramme : l'on fit courir un chien dans les rues d'Arranjuez, sur le collier duquel étoit gravé ces mots : *Je ne crains rien, j'appartiens à Godoy*. L'odieuse vengeance que le roi tira de quelques lapins mis en fuite, fait connoître assez à quelle extrêmité se peut porter un homme de ce caractère, et la foiblesse du peuple qui ne sait réprimer, par des remontrances sévères, de tels désordres. Quand donc les hommes ne seront-ils plus les esclaves rampans de leur plus terribles tyrans ? quand donc une attitude fière et imposante les fera-t-elle rentrer dans des droits que la nature leur a donnés, droits incontestables et que le despotisme étouffe ? Mais avant que ce changement arrive en Espagne, Marie-Louise aura le tems encore de combler son amant de faveurs ; je veux parler de celles de la fortune, car celles de l'amour ne sont pas entre ses mains. Godoy, en satisfaisant ses désirs, ne fait que remplir un devoir que la reconnoissance exige. Marie-Louise n'a aucun de ses attraits qui font le triomphe des femmes ; et le bandeau royal, ceint sur son front, est le seul talisman qui peut attacher le jeune et beau Godoy.

Semblable à Marie-Antoinette d'Autriche, Marie-Louise a pour ami le ministre des finances, connoissance dont une courtisanne comme elle ne peut se passer : l'Espagne a aussi son Calonne. Il est dans toutes les cours de ces hommes, vrais fléaux des peuples, et les amis des rois, de ces hommes qui disposent des richesses d'un état, comme on le pourroit faire de son propre bien. Il est utile de développer ici les causes de l'élévation de *Lerena*, et comment il parvint au ministère des finances.

*Florida-Blanca* avoit, comme nous avons dit, sous Charles III, la plus haute faveur ; mais il n'avoit pas toujours joui de cette considération. Dans des tems moins heureux, il avoit connu Lerena, qui avoit été originairement simple garçon d'écurie ; mais ayant fait un mariage assez avantageux avec la veuve d'un maréchal, il se livra au commerce, dans lequel il prospéra, et parvint à y amasser une certaine fortune. Ce fut l'époque où il connut Florida-Blanca, qui venoit de recevoir la commission du gouvernement, pour aller à Rome traiter de l'expulsion des Jésuites, premier pas qu'il fit dans la carrière politique. Lerena fut utile au comte de Florida dans cette occasion, et lui prêta une somme d'environ vingt mille livres. Florida-Blanca, revenu de sa mission, n'oublia pas, comme font tant d'autres, son ami Lerena. La réussite complette qu'il eut dans son entreprise ne lui ferma point le cœur à la reconnoissance : et malgré que Charles III le regarda avec un œil de complaisance, et qu'il le fit admettre au conseil, Florida continua toujours sa liaison avec ce valet d'écurie, trait rare et remarquable chez un courtisan. Charles III, connoissant de la capacité au comte de Florida-Blanca, le fit passer du conseil à la place de ministre d'état.

Jusques-là Florida n'avoit pu rendre encore à Lerena la somme prêtée. Arrivé au ministère, il voulut s'acquitter de sa dette. Lerena qu'une fortune honnête mettoit dans le cas de se passer de vingt mille francs, en habile politique les refusa. Florida, sans se faire prier, les laissa dans son coffre, et forma le projet de faire acquitter par l'état sa créance et les intérêts. Il fit d'abord donner par son crédit, à Lerena, la place de commissaire des guerres ; il ne borna pas-là son zèle pour son ami ; deux mois après il le fit nommer ordonnateur à l'armée de Mahon, et de suite intendant de l'armée de Gibraltar. Mais lors de la levée du siége de cette ville, Lerena fut fait intendant et assistant de *Seville*. Cette prodigieuse rapidité avec laquelle il parvenoit aux places, annonçoit ce qu'il seroit un jour, et marquoit le pouvoir illimité de son protecteur. En effet, Florida-Blanca qui ne vouloit avoir dans les places importantes que des gens dévoués à ses intérêts, fit parvenir son protégé au ministère des finances; et quelque tems après lui fit donner, par *interim*, le porte-feuille de celui de la guerre. Charles III n'étoit, pour bien dire, que le spectateur des travaux de Florida; et cet adroit courtisan conduisoit toute la machine politique. Aussi son orgueil fut-il humilié lorsqu'une femme vint lui ravir son autorité. Ce ne fut point sans douleur qu'il plia le genou devent la princesse des Asturies, qu'il se vit obligé, lorsqu'elle devint reine, et d'abandonner le pouvoir dont il étoit depuis long-tems revêtu.

Pour *Lerena* il sut se plier davantage aux circonstances ; il vit que le seul moyen de conserver son autorité étoit de flatter la reine et Godoy, son favori, il ne se fit point de scrupule de prendre ce parti ; et sa complaisance pour Marie-Louise le laissa sans inquiétude sur son sort. Le protégé devint plus puissant que le protecteur ; Florida ne voulut jamais adoucir sa fierté, et sa chûte se préparoit à mesure que Godoy prenoit de la consistance. L'esprit souple et facile de Lerena convenoit admirablement bien aux deux amans ; et comme la reine avoit tout pouvoir, elle puisoit dans le trésor royal, dont Lerena lui ouvroit les coffres. Godoy lui-même disposoit à sa volonté des deniers de l'état, et la reine avoit donné un ordre pour que le ministre des finances payât tous les *bons* signés de Godoy. Ce favori tout-puissant avoit à sa disposition, par ce moyen, toutes les richesses de Madrid. Les jouailliers lui donnoient leurs plus rares bijoux sur un ordre signé de lui, et qui étoit payé au trésor royal avec une exactitude scrupuleuse, et plus de régularité que les *bons* mêmes du roi.

Cette circonstance qui rapproche encore Marie-Louise de Marie-Antoinette, et qui fait de Lerena un déprédateur tel que Calonne, prépare peut-être à l'Espagne le même sort que celui de la France; car ce qui doit inquiéter les espagnols sur leur sort, c'est sans doute de voir à la tête du gouvernement ce même Godoy. Cet homme, au moment d'une guerre qui ne peut que devenir funeste, cet homme absolument nul, au jugement de tous les politiques, ne tardera pas à entraîner son pays dans des maux incalculables. Mais ne préjugeons pas l'avenir, et laissons aux circonstances le tems de se développer. Notre couple heureux reçut un échec violent à leurs desseins, par la mort du ministre Lerena, ministre *adoré* en Espagne par les intrigans, comme le fut Necker en France par la même classe.

Le roi jeta les yeux pour remplir cette importante place, sur M. *Gardoqui*, agent d'Espagne auprès des états-unis d'Amérique, et dont l'intégrité est reconnue : l'on peut bien penser que ce choix ne plut guères à la reine, ainsi qu'à son amant. Marie-Louise fit tout ce qu'elle put pour détourner le roi de son projet, dont l'exécution alloit ruiner ses espérances, mais elle n'en vint point à bout ; et pour cette fois seulement, Charles, l'indolent Charles, ne se rendit point à ses sollicitations.

Gardoqui ayant jeté les yeux sur le labyrinthe compliqué des finances, et qui l'est en Espagne plus que dans tous les autres pays de l'Europe, à cause des possessions en Amérique, crut avec sagesse, qu'un seul homme ne pouvoit gérer une affaire aussi importante; il soumit au conseil du roi un projet de diviser cette administration en trois branches, et d'établir un conseil de finances, afin de pouvoir réunir toutes les observations des meilleurs politiques sur cet objet. Ce plan aussi sagement conçu que bien développé, eut le malheur, comme on peut bien le croire, de ne pas plaire à la reine, qui n'aime point la publicité dans cette partie; elle combattit ce projet, mais inutilement; l'administration fut divisée, d'après l'avis du conseil du roi, qui l'emporta encore sur le sentiment de la reine. Marie-Louise, voyant qu'elle ne pouvoit arrêter les progrès qu'avoit fait l'opinion de Gardoqui, renonça à son projet de le faire avorter: elle prit toute une autre marche, et parvint, par son étonnant crédit, à faire nommer le père de Godoy président du conseil des finances. Le modeste vieillard, qui connoissoit son insuffisance dans cette partie, voulut en vain remercier la reine, il fut obligé de prendre un poste où lui-même avoua qu'il n'entendoit rien. Voilà les effets d'une protection mal entendue; l'homme de mérite meurt souvent dans l'indigence et ignoré, tandis que l'aveugle fortune dispense ses faveurs sur des êtres nuls; vice qu'on ne pourra réformer dans aucun gouvernement, et qui conduit les peuples à leur ruine totale.

Le trop favorisé Godoy marchoit à la fortune par un chemin semé de fleurs, et le destin n'a point encore pour lui fait naître de revers. L'on a peu d'exemple d'un bonheur si prolongé; et lorsqu'on pense à la manière dont Marie-Louise a abandonné les amans qui avoient paru la fixer avant celui-ci, on a lieu d'être étonné d'une aussi rare constance. Le marquis de Tabarès, M. l'Ancaster, Pignatelly et Ortiz ont tous passé comme l'ombre, et n'ont pas laissé la moindre trace de regrets dans le cœur de notre héroïne. Godoy, le fortuné Godoy, eut l'art de les faire oublier tous, et ne l'est point encore lui-même. A en juger par le passé, les pronostics assurent que cette conquête de Marie-Louise sera la dernière, à moins qu'il n'arrive à Godoy des aventures qu'on ne peut prévoir.

Le zèle de la reine ne diminue pas pour cette famille extraordinaire ; on en peut juger par l'anecdote suivante. Nous avons dit que le chanoine Godoy fut obligé de quitter la cathédrale de Badajoz, pour une de ces inconséquences, qu'on pardonne rarement dans un pays où règnent tous les préjugés. Nous avons raconté comment l'évêque de Badajoz poursuivit celui qui étoit sous sa férule, pour avoir fait un enfant à sa gouvernante; le même esprit tentateur qui avoit entraîné Godoy, le chanoine, dans le piége, fit les mêmes effets sur le chanoine de Séville,

L'archevêque lui fit une semonse vigoureuse, et le favori fut encore obligé de retirer son frère des griffes de l'archevêque intolérant; il lui fit avoir un autre canonicat pour lors à Tolède, et qui lui rapportoit 60 mille livres. Chacune de ses étourderies avoient tourné à son avantage, aussi n'eut-il garde de se corriger d'un défaut qui le faisoit avancer si rapidement. Marie-Louise voulant sans doute récompenser le zèle du chanoine pour la propagation de l'espèce humaine, forma le projet d'en faire un évêque; mais pour cette fois, le sort ne le servit pas avantageusement; car le pauvre abbé mourut le même jour qu'il devoit recevoir cette faveur; ce devoit être au retour d'une chasse générale. Le roi devoit mettre pied à terre chez le chanoine; mais les projets de Marie-Louise furent avortés par cette mort imprévue. Cependant la chasse eut lieu, et le roi eut le plaisir barbare de tuer beaucoup de gibier; ce qui le divertit infiniment, ayant un goût aussi décidé pour cet amusement que l'avoit Louis XVI, de tragique mémoire.

Les combats de taureaux entrent aussi dans ses délassemens. Comment des hommes luttant contre ces animaux furieux, et n'échappant aux plus terribles dangers que par une adresse incroyable, et un hasard qui peut se démentir d'un instant à l'autre; comment, dis-je, de tels spectacles peuvent-ils amuser l'œil du farouche spectateur, dont l'ame barbare ne s'émeut point à la vue de membres palpitans ? Ce goût des espagnols nous peint au juste les spectacles grossiers de nos aïeux, et ces tems d'ignorance où nos premiers rois assistoient à ces tournois dangéreux. Ces *autodafés* des espagnols nous rapellent les scènes sanglantes qu'offrit le fanatisme : et lorsque l'histoire apprendra aux races futures, que des prêtres inhumains se montroient, dans le dix-huitième siècle, aussi intolérans que du tems des croisades, nos neveux nous accuseront de faiblesse, et gémiront encore sur nos préjugés. Ils auront raison; l'éclair de la vérité a brillé parmi nous, et des peuples refusent encore de suivre sa bienfaisante clarté! . . . Aveuglement funeste, qui tourne au désavantage de l'humanité!

Peuples ignares et faibles, qui suivez en tous points la doctrine exécrable du prêtre de l'Italie; vous qui servez ses fureurs en croyant servir le Dieu dont il ne vous enseigne pas la véritable loi; déchirez le bandeau dont vos yeux sont couverts, et réduisez en poudre le trône qui servit de siége à tant de fanatiques. La triple couronne qui ceint le front de ce monstre, peut être comparée avec justesse à la funeste boëte de Pandore, qui recéloit la source de tous les maux qui vinrent ravager la terre.

Hommes foibles qui lirez ce passage, et qui accuserez son auteur d'être coupable d'irréligion, c'est vous bien plutôt qui insultez la divinité par votre molesse, à accorder à des hommes pervers une confiance que la justice condamne, et que l'intérêt de la religion même vous commande de ne point avoir pour des êtres qui ne veulent que vous faire commettre des crimes, au nom de celui qui grava dans tous les cœurs, le sentiment de l'humanité.

L'on sera peut-être étonné de trouver dans la vie d'une femme galante, de semblables réflexions; mais je répondrai qu'elles viennent naturellement lorsqu'on parle d'un pays où le fanatisme a le plus étendu son empire, et où les mœurs les plus dissolues s'allient avec les pratiques d'une dévotion dont on ne connoît que l'extrême, et qu'on change en superstition.

Le frère aîné de Godoy, qui avoit obtenu le rang de maréchal-de-camp, ne tarda pas à recevoir de nouvelles faveurs de la cour, non que Marie-Louise voulut lui rappeller le souvenir de ses bontés pour lui, mais bien par la seule considération d'un frère qu'elle chérissoit, et qui remplissoit tous ses desirs. Godoy l'aîné fut marié très-avantageusement à la fille du marquis de ...., riche et unique héritière. Pour le rapprocher de la fortune qu'il trouvoit en épousant mademoiselle de ...., on lui fit donner une commanderie qui rapportoit 20 mille livres de rente, jointes à environ 50 mille livres de revenus que lui procuroit le bien de sa femme; tout cela assuroit à Godoy un sort brillant.

Il ne restoit donc plus au favori que de voir son plus jeune frère partager un destin aussi envié. Déja il avoit obtenu, comme l'on sait, le brevet de capitaine de grenadiers dans une compagnie qui n'étoit pas encore formée, et qui devoit l'être par les soins et sous les ordres du marquis de *Bao*. En attendant qu'il fût en exercice, il passoit le tems à la cour, qui le payoit d'une place qu'il ne remplissoit pas. La reine Marie se plaisoit à recevoir les hommages de ce jeune adolescent, dont la figure heureuse prévenoit pour lui. Dans les fêtes du couronnement de Charles IV, il servit d'écuyer à Marie-Louise, qui avoit une singulière prédilection pour tous les membres de cette famille. Les beaux jours du jeune Godoy se passoient dans les amusemens d'une cour voluptueuse. Ce n'étoit guères là qu'il pouvoit s'instruire dans le métier des armes; cependant une occasion se présenta de l'avancer dans cette carrière, et son frère en profita.

En 1791, au mois de septembre, la ville de *Ceuta* étant assiégée par les troupes du roi de Maroc, l'on demanda du secours. Godoy, le favori, obtint que son frère partît pour la défense de cette place avec les autres guerriers qui y étoient.

La reine ne vit pas sans douleur s'éloigner son cher cavalier, non pas que nous la taxons d'avoir eu le projet de le faire succéder à son frère; mais la tendresse de l'âge de cet officier, les périls qu'il alloit avoir à affronter, tout cela faisoit soupirer, malgré elle, le cœur de Marie-Louise. Cependant la raison l'emporta, et don Diégo partit. Le gouverneur de Ceuta reçut le renfort qu'on lui envoyoit avec joie, et prit si bien ses mesures qu'il parvint à faire une sortie qui ruina les ouvrages des ennemis, et qu'une batterie considérable fut démontée. Le jeune Diégo avoit partagé avec le fils du ministre de la guerre, et le fils du général, la gloire de cette journée. Aussi-tôt les gazettes retentirent de cet exploit fameux, et l'on ne manqua pas d'en faire retomber toute la gloire sur les officiers dont nous venons de parler. Taisant, comme de coutume, la bravoure des soldats, les journalistes dans ce pays, sont, comme partout ailleurs, les prôneurs gagés de la cour.

Nos jeunes héros, brûlant d'impatience de se voir fêtés et accueillis par les dames, montèrent sur trois superbes coursiers, et suivirent de près la voix de la renommée: qu'on juge des fêtes qui leur furent prodiguées, et sur-tout au jeune Godoy! L'Espagne ne voyoit plus en lui que le soutien de la monarchie, et il ne s'en fallut de peu qu'on ne l'appelât le sauveur de la patrie. Son frère, profitant du moment d'enthousiasme, le fit nommer sur-le-champ commandant du troisième bataillon de son régiment (dont le deuxième n'étoit pas encore formé) avec le rang de colonel d'infanterie. On ne tarissoit point à la cour sur les bonnes qualités du jeune Diégo. La reine ne savoit comment récompenser ce héros, qui promettoit à son aurore de surpasser les plus grands hommes de guerre de l'Espagne, ou du moins Marie-Louise se plaisoit à le croire. Enfin, les soins, les attentions de la reine commençoient à jeter quelques craintes dans le cœur du favori. Diego étoit pour une femme galante un objet contre lequel sa vertu n'auroit peut-être pas tenue bien long-tems. Emmanuel Godoy, en fin politique, ne parut point s'appercevoir de l'espèce d'orage qui sembloit se préparer sur sa tête ; mais il rêva aux moyens d'en détourner les effets. Il crut que le seul et le plus sûr étoit de s'occuper d'établir le jeune Godoy, pour rompre le projet de la reine, s'il étoit vrai qu'elle en eût un.

Le hasard servit à propos le défiant Godoy dans son entreprise ; après avoir jeté les yeux sur les différens partis qui pouvoient convenir à son frère, la fille de la marquise de Saint-Jean parut le fixer. Sa mère s'étant amourachée d'un capitaine, après le décès de son premier mari, l'épousa; elle ne survécut à ce second mariage que deux ou trois ans, et laissa par testament à son mari la tutelle de sa fille, au préjudice de ses parens naturels. Cette injustice souleva les parens des deux côtés, et ils poursuivirent le capitaine pour lui ravir les droits qu'un testament injuste leur ôtoit. Le capitaine perdit son procès au tribunal de Valence ; mais il ne s'en tint pas-là, il en rappella au conseil, comme il connoissoit le ministre Florida-Blanca, et qu'il ne doutât point que son grand crédit ne lui fût favorable, il le pria de l'appuyer ; Florida - Blanca le lui promit, sous condition que la jeune pupille, qui possédoit une fortune de 60 mille livres de rente, épouseroit son neveu, qui étoit cadet dans les gardes-du-corps. Le capitaine, enchanté de la proposition, n'hésita point de donner sa parole ; le procès se gagna, et l'on alloit procéder à l'hymen, lorsque Godoy voulut humilier Florida-Blanca, et marier son frère à cette riche héritière. Il fit venir le capitaine chez lui ; et après l'avoir complimenté sur le gain de son procès, il feignit d'ignorer par quelle voie il l'avoit gagné ; il lui proposa le commandement de Mayorque, dont il pouvoit disposer, et lui offrit en même tems de marier la jeune marquise de Saint-Jean à l'un de ses frères.

La proposition de l'intendance de Mayorque flattoit le capitaine, mais la seconde proposition de Godoy le mettoit fort dans l'embarras ; il auroit bien voulu ne pas échapper par cette occasion les faveurs de la cour. Il ne put dissimuler, et il instruisit Godoy de l'espèce d'engagement qu'il avoit pris avec le ministre Forida-Blanca, pour le mariage de son neveu avec sa pupille. Godoy le rassura sur cette affaire, et se chargea de tout. En effet, la reine, prévenue par Godoy, fit des propositions aux parens de la fille, et ce mariage fut presqu'aussi-tôt conclu que proposé.

Cette circonstance élevoit le jeune frère de Godoy au marquisat ; et cette famille, quelques années auparavant, pauvre, ignorée, devint la plus considérable du royaume, et tout cela par les intrigues de la reine. Ce ne fut pas sans douleur que Florida-Blanca se vît enlever l'espoir qu'il avoit eu d'unir son neveu à la jeune marquise de Saint-Jean, et qui étoit devenue madame Godoy ; mais la faveur extrême du favori, la haine que lui portoit naturellement la reine, pour laquelle il n'avoit pas eu de complaisance, et même de qui il avoit irrité en quelque sorte l'amour-propre, en faisant exiler, du vivant de Charles III, deux de ses amans, tout cela l'empêcha d'éclater, et il aima mieux dévorer en secret ses chagrins que de se prêter à un manége indigne de sa franchise. L'affaire en resta là, et Godoy eut le triomphe le plus complet ; mais ce n'étoit encore qu'un acheminement aux honneurs qui l'attendoient. Marie-Louise avoit résolu de porter son amant à un rang que personne, hors son mari, ne pouvoit surpasser, et elle épioit les occasions favorables à ses desseins. Bientôt les circonstances la servirent au de-là de ce quelle pouvoit désirer. Vers le mois de juin 92, elle accoucha d'un garçon : ce fut une joie universelle, et il n'y eut pas jusqu'à son mari qui ne la partageât.

Le génie espagnol déploya toutes ses ressources pour célébrer dignement cet évènement, qui donnoit un nouveau maître au peuple, accablé déjà sous le joug de ceux qu'il avoit. Mais comme dans les grandes crises l'on s'étourdit sur ses malheurs, on s'empressa de couvrir de fleurs les nouvelles chaînes qui se préparoient. La cour, pour ne point être en reste à la générosité du peuple, s'empressa de répandre des bienfaits ; plusieurs familles en furent gratifiées. L'on pense bien que ce n'étoit qu'un prétexte pour avoir le droit de dispenser les plus grandes faveurs sur la famille Godoy; l'on fut bientôt confirmé dans cette opinion ; et malgré qu'on s'attendoit à ce qui devoit arriver, l'effet surpassa les espérances, et les courtisans et le peuple furent également surpris à la promulgation du diplôme suivant, que le roi envoya au conseil suprême de Castille ; le voici : « Sa majesté, parfaitement satisfaite des services importans et distinguées que le sieur Godoy a rendus à l'état dans les différentes places qu'il a occupé, et occupe encore, ayant égard à la très-ancienne famille dont il est issu, qui a rendu de grands services aux rois, mes prédécesseurs augustes, qui n'ont pu les en récompenser, comme ils le désirèrent, par l'empêchement des envieux, qui prenoient grand soin de ne point leur laisser parvenir ; ne voulant pas davantage différer ma reconnoissance, je vous préviens que je viens d'accorder à don Manuel Godoy, lieutenant-général de mes armées, major-général de mes gardes-du-corps, gentilhomme de ma chambre, les titres de marquis ordinaire, duc de Alcudia, pour qu'il en jouisse lui, ses enfans, héritiers et successeurs à perpétuité, franc d'annates et autres droits quelconques : ce que

que je vous fais savoir, afin que vous rendiez public et notoire ce juste tribut de reconnoissance que je dois audit don Manuel Godoy, et afin que vous le mettiez en possession desdits titres, et que vous le fassiez reconnoître pour tel par les tribunaux et conseils qui doivent en connoître; car tel est ma volonté, etc. etc.

Chacun se regardoit, et sembloit se demander s'il donneroit sa voix à une pareille sottise, tant cela étonna les plus hardis. Mais les grâces du roi n'en restèrent pas là; il avoit donné à Godoy le rang que son orgueil pouvoit désirer, et après lui avoir prodigué les chimères, devant qui les sots se prosternent, il lui prodigua encore les richesses, qui sont les soutiens de ces chimères. Le conseil suprême de Castille reçut le lendemain les autres volontés du roi concernant Godoy. Charles lui ordonnoit d'enregistrer et de reconnoître aussi la cession qu'il lui faisoit d'un bien appelé la *Dehesa* de *Alcudia*, situé dans le royaume de Valence, et qui avoit autrefois appartenu aux PP. Jésuites, ledit bien donné au nouveau duc de *Alcudia* pour lui et ses enfans à perpétuité. Ce bien est estimé rapporter 80 mille livres de rentes. Il n'y eut pas jusqu'au père de Godoy, qui pour avoir fort mal rempli la place de président du conseil des finances, en fut fait le doyen; les autres frères furent de même tous bien pourvus.

Marie-Louise s'applaudissoit de son ouvrage, elle avoit pour son amant employé tout ce que l'amour et l'intérêt peuvent suggérer : elle avoit conduit l'intrigue la plus audacieuse, sans que son mari s'apperçut de rien. Quant aux autres personnes, elle ne se mettoit guère en peine de les ménager; bravant l'opinion publique, elle aimoit mieux sacrifier sa réputation aux plaisirs, que de se tenir dans les bornes de la décence, au préjudice de sa passion.

Le nouveau duc d'Alcudia, bravant ainsi qu'elle l'estime des gens de bien, ne se mit plus en peine que de jouir tranquillement des biens que l'amour accumuloit sur sa tête. Il devint l'ame du conseil, et l'on s'inclinoit devant l'âne qu'on avoit ainsi revêtu des plus grandes richesses. Intérieurement chacun auroit voulu lui lancer son brocard, mais l'intérêt particulier qui maitrise les hommes dans tous les états, retenoit la langue des plus irrités, et d'Alcudia ne recevoit qu'éloge et flatterie.

Ce n'est point assez pour les espagnols d'avoir à rougir d'être gouvernés par des êtres nuls, ils sont encore tyrannisés par les prêtres, et sous la férule de celui qui se dit le successeur de Saint-Pierre, et auquel les hommes ont accordé une confiance si peu méritée.

Rien, en effet, de plus ridicule que de voir un simple mortel dispenser à son gré, et pour de l'argent, les faveurs du ciel, ou bien lancer, contre ceux qui ne veulent pas croire à sa *gibecière*, les foudres et carreaux de la colère divine. Cependant ces exemples, qui se sont répétés vingt fois dans un siècle, n'ont pas encore levé le masque, dont se couvre le plus hypocrite, le plus faux et le plus méchant de tous les hommes. L'Angleterre a donné à l'Europe un grand exemple, que tous les autres peuples auroient du suivre; elle a abjuré cette doctrine insidieuse du prêtre cupide et fanatique de l'Italie. La France, par sa révolution, lui a porté encore un coup de massue, dont il ne se relèvera guère; mais il triomphe dans l'Espagne, il est encore l'ame de ces prêtres sanguinaires de l'inquisition. Le même esprit qui les animoit dans les siècles derniers, subsiste encore; cependant ils n'osent le faire éclater autant. La raison a jeté une foible lueur sur ces contrées malheureuses, qui ont vu périr tant d'infortunés; les buchers ne s'allument plus avec tant d'impétuosité, et l'on a lieu d'attendre un changement dans ces mœurs barbares, qui étoient l'effroi du genre humain. Mais que les progrès de la raison sont lents et tardifs, chez un peuple négligent et paresseux tant qu'on enchainera la pensée dans ce pays, il restera sous la verge de ces tyrans ecclésiastiques.

Lorsqu'on pense combien la philosophie en France a eu de peine à se débarasser des liens de la sottise et de l'erreur, et combien l'on a persécuté ceux qui ont voulu les premiers porter la hache sur ce colosse effrayant, on voit avec chagrin que le triomphe de la raison est éloigné dans un pays superstitieux comme l'est l'Espagne. La guerre que son tyran a provoqué à la France pour l'intérêt d'un autre tyran, va peut-être produire un effet qu'on n'osoit espérer de sitôt; mais les espagnols, peu préparés à recevoir les lumières de la raison, retarderont peut-être eux-mêmes leur régénération. Ils n'ont pas eu leur Rousseau, leur Voltaire, leur Mably; loin d'avoir encouragé de tels génies à paroître dans leur climat, ils refusent de s'instruire à l'école des nôtres, qu'ils ont en horreur, d'après les insinuations de leurs prêtres, qui leur peignent ces hommes comme les ennemis de Dieu et de l'église.

Les espagnols, trompés en religion, le sont aussi en politique. Ils vont être victimes dans ce moment, des complots de la cour, et des projets d'une femme qui, après avoir souillé son front de l'infamie la plus odieuse, veut encore entraîner le royaume dans des malheurs incalculables. La politique insidieuse du cabinet de Madrid vient d'être découverte ; et malgré les efforts que le comte d'Aranda a fait pour retenir la nation au bord du précipice, une courtisanne et un damoiseau l'ont emporté sur les conseils de la sagesse, et le trop confiant Charles fut pris au piége. Un mouvement de haîne a été le premier moteur de cette guerre désastreuse. Florida-Blanca, comme nous avons vu ailleurs, qui possédoit toute la confiance de Charles III, et qui n'étoit point aimé de la libertine Marie, dont il avoit souvent dérangé les projets, étoit à la tête du conseil, et Charles étoit disposé à l'écouter. La reine qui vit ce courtisan prêt à l'emporter sur elle, et sur son favori, jura sa ruine ; et que ne peut une femme outragée, à qui son mari a laissé prendre de l'empire ! Tout fut mis en œuvre pour supplanter Florida, et le faire déchoir de sa place. La reine réussit dans son projet, et la grande réputation du comte d'Aranda (peut-être le seul philosophe qu'il y ait eu en Espagne), et qui avoit été nommé ambassadeur en France, le porta à la place de Florida Blanca. Dans ces entrefaites, l'assemblée nationale de France qui avoit déclaré la guerre à l'empereur, et qui vouloit s'assurer des sentimens de la cour de Madrid, y envoya comme agent le sieur Bourgoing, qui déjà avoit été dans ce pays, en qualité de secrétaire d'ambassade. Le choix ne pouvoit être meilleur.

Le sieur Bourgoing à son arrivée trouva le ministère occupé par le comte d'Aranda, ce qui lui donna la plus grande espérance que la cour de Madrid n'agiroit point hostilement contre la France, et qu'elle resteroit dans la plus exacte neutralité ; ce qui le confirma dans cette opinion, ce fut lorsqu'il fut reconnu par le roi, comme envoyé de l'assemblée nationale. Tout étoit, et avoit le caractère de pacification dans cette cour. Il étoit lui-même assuré par d'Alcudia que Charles conserveroit la bonne harmonie, qui régnoit entre les deux nations. L'on étoit de part et d'autre dans le calme de la sécurité, lorsqu'un évènement fit prévoir ce qui arriveroit. L'on sait la prédilection que Charles a pour l'amant de sa femme; le duc d'Alcudia. Dans une des conférences que le roi eut avec d'Aranda, il lui parla avec chaleur du talent du nouveau duc. Le comte, trop honnête homme pour faire le métier de flatteur, ne s'extasia pas sur le mérite de ce favori, et craignant même son influence dans le cabinet politique, influence qui pouvoit devenir funeste, conseilla au roi de le faire voyager, afin, dit-il, de lui donner de l'expérience. Charles fut enchanté de cette proposition et se promit bien de faire voir aux cours de l'Europe l'amant de

Marie-Louise. Il fit part de son projet à sa femme qui, comme on peut le penser, ne lui donna pas sa voix. Charles ne déguisa pas que c'étoit d'après l'avis du comte d'Aranda qu'il s'étoit déterminé à ce parti ; la reine reprit vivement que d'Aranda étoit un vieux fou qu'il ne falloit pas écouter, parce qu'il radotoit. « Veux-tu m'en croire, Charles, dit la reine, donne à d'Alcudia la place du ministre d'Aranda qui ne peut l'occuper dans ces momens orageux. Le foible monarque suivit ce dernier avis, et dès le lendemain, d'Alcudia eut le porte-feuille du ministre d'état.

Le comte d'Aranda demanda au roi la permission de se retirer dans ses terres pour y vivre paisiblement. Charles la lui refusa, en lui disant qu'il vouloit toujours prendre ses conseils. Etrange propos qui peint mieux qu'on ne pourroit faire, le caractère de ce roi. Il vouloit prendre les conseils de d'Aranda, et il lui ôtoït les moyens de lui en donner d'efficaces !

Il nommoit à la place la plus difficile à remplir, et la plus essentielle dans les conjonctures présentes, un jeune homme qui n'avoit fait ses cours de diplomatie que dans le boudoir de la reine; un homme absolument nul du côté du moral, mais fort bien constitué du côté du physique, s'il faut en croire pour preuves l'attachement d'une reine lubrique, et qui se connoît en héros de cette espèce. Cependant Marie-Louise, parvenue à faire de son amant le premier homme d'état, eut quelques craintes sur son inexpérience dans cette partie; elle proposa au roi de lui donner un aide, et l'on choisit pour son adjoint un vieux commis qui connoissoit le code et le digeste de cette science infernale, appellée par les tyrans du monde, politique.

Les choses étoient dans cet état au mois de novembre 1791, lorsque le cabinet de Saint-James, qui avoit vu porter au ministère d'Alcudia, résolut de l'entraîner dans ses filets. Le rusé Pitt n'eut pas de peine de triompher d'un si foible adversaire ; et l'on va même jusqu'à dire que quelques centaines de guinées, données au nouveau ministre, applanirent bien des choses. Il goûta les propositions de l'Angleterre contre la France, et les mesures que le comte d'Aranda avoit prises pour ne point entraîner l'Espagne dans un piége aussi grossier, furent toutes rompues, et l'esprit désorganisateur du trop fameux Pitt, prévalut dans le conseil que d'Alcudia influençoit. Cependant l'on agit encore quelque tems avec finesse et ménagement ; mais cette neutralité devoit bientôt se dissoudre, et l'Espagne n'attendoit qu'un moment favorable pour se déclarer l'ennemie de la France. Le procès de Louis XVI lui servit d'occasion et de prétexte. Avant que Louis fût entièrement jugé, le cabinet de Madrid osa se porter comme médiateur dans cette grande affaire, et voulut faire valoir sa neutralité, et la mettre à la condition que

Louis seroit sauvé du sort qu'on prévoyoit bien qui l'attendoit. Mais la convention nationale n'écoutant que le cri de la justice, ne se laissa point gouverner par de vaines menaces, et le tyran sur l'échafaud, alla expier ses forfaits, et satisfaire aux mânes de ceux qui avoient été ses victimes.

Cet évènement, le premier de cette nature depuis que la monarchie existoit, ne se passa point sans jeter quelque terreur dans l'ame de ceux accoutumés à ne voir dans une nation, qu'un seul homme, et à croire qu'un roi doit être à l'abri de toute imputation et de toute punition, comme s'il étoit possible de mettre un individu au-dessus de la loi. Le décret qui l'avoit rendu inviolable par la constitution, étoit une de ces productions immorales, arrachée par le crime à la bonne foi, ou élevée par la sottise et une basse adulation. Cette prétendue inviolabilité fut la cause du désastre de cet homme, qui se crut alors tout permis, et qui ne garda plus aucune réserve, se croyant assez à l'abri de la vengeance nationale par le caractère dont on l'avoit revêtu. Il n'avoit point assez calculé les évènemens, et avoit trop compté sur l'indulgence du peuple, et sur-tout sur l'amour des français pour leur roi.

Mais un peuple en insurrection sort de son caractère, et il n'écoute plus la voix qui, jadis, l'eût ramené; il ne voit que son offense, il brûle de s'en venger. Louis XVI employoit tous les moyens d'irriter ce peuple dont il avoit lassé la patience depuis la révolution. Jamais sa conduite n'a justifié ses promesses, et les sermens qu'il prononça lui furent arrachés. Il se dédommageoit de la contrainte où il étoit, en recelant chez lui les plus grands ennemis du peuple, et en cédant avec complaisance aux projets de le séduire. Nous n'entrerons point ici dans le détail de sa perfidie, c'est hors de notre sujet. Mais il nous suffit de dire que Louis XVI fut le plus perfide des rois, et que son procès sera regardé par la postérité comme un éternel monument de la justice des hommes. Ce n'est pas ainsi que la famille des brigands couronnés l'appellent ; ils se liguent, ils se coalisent pour venger, selon eux, la majesté outragée. L'Espagne, qui n'attendoit donc qu'un prétexte de rupture, saisit promptement celui-là, et le cabinet de Saint-James et celui de Madrid ne firent plus qu'une cause commune avec ceux de Berlin et de Vienne. Le duc d'Alcudia commença son ministère par entraîner son pays dans des dépenses qu'il ne pourra soutenir long-tems. Charles, qui ne voit que par ses yeux, approuve tout ; et les revers du roi de Prusse, de l'insolent et audacieux Brunswick, n'effrayent pas ce monarque aveugle et confiant, qui pense que les français vont être vaincus par une ligue de quelques scélérats qui feront répandre du sang inutilement. D'Alcudia a prononcé, et il croit voir déja les français captifs à Madrid. Il ne sait pas que pour une nation libre un ennemi de plus est un nouveau sujet de triompher, et que la victoire accompagne rarement l'esclavage.

Malgré que depuis long-tems la cour de Madrid cherchoit l'occasion de rompre avec la France, le cabinet avoit si peu prévu aux suites de cette rupture, que la marine et l'arsenal sont dans le plus grand abandon. Ce ne fut point sans inspirer de la terreur qu'on annonça au *Roi* cette négligence. Il en fut outré, et, pour cette fois, l'heureux d'Alcudia ne reçut point de complimens : aussi donna-t-il des ordres précis pour faire hâter les préparatifs. Il s'agit de savoir à présent si les français voudront bien attendre que tout soit mis en ordre. On en est à ce moment aux derniers expédiens, aux emprunts, et la guerre n'est pas encore commencée. Charles ne sera peut-être pas long-tems sans se repentir de s'être laissé entraîner dans un projet où il n'y a pour lui que des coups à gagner, et peut-être un soulèvement dans ses provinces ; car malgré le soin extrême que les souverains de l'Europe prennent pour ne point laisser parvenir dans leurs états le détail de ce qui se passe en France, leur attente est trompée, et l'esprit de liberté et de républicanisme perce malgré eux dans leurs contrées ; et le germe qu'il y répand pourroit croître plus promptement qu'ils ne le désirent. La rupture de l'Angleterre sert plus qu'on ne croit, le parti que les puissances voudroient anéantir. Les publicistes, les politiques, les philosophes ne manqueront point de rapprocher les circonstances de cette guerre fameuse, de cette lutte de la tyrannie avec la liberté ; et l'on ne verra pas sans étonnement, entraînée dans cette lutte une nation qui, fière de recouvrer ses droits, s'est montrée un instant digne d'être libre, et qui courut elle-même reprendre les chaînes qu'elle avoit brisées : l'on sera étonné, dis-je, de voir cette nation qui se dit encore libre, s'agiter pour forger des fers à des voisins généreux, qui ne troubloient pas leur tranquillité.

Cette hostilité de la part des Anglais, n'est autre chose qu'une vengeance qu'ils colorent du prétexte de l'intérêt de Louis XVI. Les politiques anglais ne pardonneront jamais à la France d'avoir prêté son appui à un peuple qu'ils vouloient toujours tenir dans les liens de l'esclavage. L'affranchissement de l'Amérique septentrionale étoit un coup funeste au commerce des anglais ; ils ne pardonnent point à notre nation d'avoir prêté les mains à les affoiblir de ce côté : peut-être que dans ces circonstances la cour de France n'a-t-elle point agi avec cette franchise dont elle ne devoit jamais s'écarter. Les astuces de la politique furent déployées dans ces occasions ; et Louis XVI se prêta à des manœuvres indignes d'une nation puissante. Les anglais ne purent oublier ce trait, et c'est sans doute ce qui les détermine dans ce moment à se déclarer contre nous.

Mais ce qui est bon à remarquer, c'est que ce même roi qui s'est montré l'ami de la liberté, et qui a sacrifié les deniers de sa nation pour la consolider chez un peuple éloigné de son territoire, fut le premier à conspirer contre celle de sa patrie. En Amérique on lui élève une statue, dans son pays on est obligé de le conduire à l'échafaud. Tous ceux qui ont le plus secondé ses intentions en Amérique, ont aussi secondé celles qu'il avoit d'asservir sa patrie, et de la faire rentrer sous le joug qu'elle avoit porté depuis tant de siècles. Les Lafayette, les d'Estaing, les Bouillé, ces héros de la liberté américaine, devinrent ses complices en France ; ils oublièrent la cause qu'ils avoient si bien défendue, pour n'écouter plus qu'un sentiment de haine et d'orgueil qui les précipita eux-mêmes dans le précipice où ils pensoient entraîner une nation qui leur avoit accordé cette estime qu'on doit à ceux qui ont, pendant quelque tems, rempli leur devoir. Les complots de Louis XVI sur la liberté de son pays, sont une preuve non équivoque de l'esprit qui dirigeoit le cabinet de Versailles dans la guerre de 1780.

Il entre dans la tactique des rois de s'affoiblir l'un l'autre. Quand on craint qu'une puissance ne devienne trop forte, et qu'elle puisse résister aux efforts des puissances voisines. Ils ont suivi constamment ce plan ; et c'est d'après ces principes que les ministres de France entraînèrent la cour dans la querelle des américains contre les anglais. Ils voyoient l'occasion de porter un coup à l'orgueil insupportable du ministère britannique, et ils ne le manquèrent pas. Par une suite de cette tactique, les anglais prennent aujourd'hui leur revanche; ils voient d'un œil jaloux, un peuple fier de soutenir des droits qu'on ne peut lui contester, braver les menaces d'une ligue puissante ; ils ont voulu former une des têtes de l'hydre qui menace cette nation ; et sans calculer s'ils avoient des moyens victorieux, ils se sont toujours lancés dans la carrière. L'Espagne, partageant les mêmes fureurs, et sous le prétexte de venger le sang des Bourbons, entre aussi dans cette association barbare des tyrans de l'Europe. L'on ne verra pas, sans une sorte de respect, les armes des français libres, s'opposer au fer des assassins. Déjà des avantages considérables remportés sur les satellites de la Prusse et de l'Autriche, font prévoir ceux qu'obtiendroient des hommes courageux qui ont juré de s'ensevelir sous les débris de leur ville en cendres, plutôt que de céder à l'univers même, s'il s'armoit pour lui arracher sa liberté.

Personne n'ignore que Marie-Louise est l'ame du cabinet de Madrid, comme Marie-Antoinette l'étoit de celui de Versailles. Charles est à-peu-près ce qu'étoit Louis XVI. Plein de confiance dans une épouse infidelle, il se laisse contrarier par sa voix ; c'est moins lui qui porte le diadême que le favori de Marie-Louise. Les courtisans ont eu soin de faire l'éloge de son discernement, de sa prudence, et lui promettent le plus heureux succès dans son entreprise. Mais cependant ce qu'on ne peut se dissimuler, c'est le peu de ressources qu'offre la caisse royale, dans une circonstance où il faut des millions. Les prodigalités de la reine, semblables à celles de Marie-Antoinette, ont un peu délabré les finances ; et l'effet de ces prodigalités ne peut être réparé que par des subsides, que peut-être le peuple ne pourra point payer.

On sait que la guerre de France a déjà coûté à l'empereur des sommes immenses, et pour la soutenir il est obligé de vendre et de détacher de son empire des parties qui y étoient réunies. Frédéric-Guillaume dissipe les trésors entassés par son prédécesseur, pour faire ces acquisitions ; mais une fois cet argent dissipé, ce qui ne tardera pas, la guerre coûtant à l'empereur deux millions de florins par mois, il faudra bien en venir aux impositions. Tout cela ne fait point ouvrir les yeux à l'Espagne, et son imbécille chef l'entraîne de gaîté de cœur dans un précipice, dont il lui sera difficile de se tirer. Car enfin, quel but les puissances coalisées se promettent-elles ? un démembrement de la France, pour indemnité des frais que nécessite leur persécution ? . . . Pour arriver à ce terme, il faut supposer une longue suite de victoires non interrompues ; et se les promettent-ils ?

Sans être trop enthousiaste, l'on peut bien répondre de la valeur de la nation française; l'on peut gager plus sûrement pour elle, que pour les imprudens qui pensent la déchirer. Je sais qu'il est des circonstances où la valeur est en défaut, et que la guerre n'est quelquefois qu'un jeu du hasard ; ce seroit donc imprudence que de se promettre des victoires sans revers; les ennemis peuvent triompher quelques instans ; mais croire à une déroute générale, ce seroit être aussi mauvais politique que mauvais citoyen. Les puissances ennemies sont bien convaincues de cette vérité, et voilà pourquoi elles entretiennent dans l'intérieur de la France des agens qui portent le trouble et la désorganisation.

D'Alcudia fait commettre tous les jours au gouvernement espagnol de nouvelles fautes : la manière avec laquelle on a ordonné à tous les français de quitter le territoire, est atroce et odieuse ; on ne leur a donné que vingt-quatre heures, et encore plusieurs ont été obligés de fuir avant ce terme, pour échapper aux persécuteurs ; beaucoup ont perdu leur fortune, dans la crainte d'être maltraités. Et voilà l'effet qu'ont produit les conseils envenimés d'une femme infidelle et perfide ! . . . Elle a porté à la première place du royaume un favori ignare, et elle en a fait descendre un homme sage et éclairé, qui auroit écarté de ce pays l'horreur et la désolation que d'Alcudia lui prépare. Les espagnols s'arment ; et la France peu alarmée des menaces de ses nouveaux ennemis, envoye vers leurs légions timides de courageux républicains, qui sauront braver leurs efforts, et qui feront connoître à l'Europe qu'on peut les surprendre, et non les vaincre.

Les affaires politiques occupent toute entière Marie-Louise ; sa vie privée n'offre plus les tableaux piquans, dont nous avons été témoins dans le calme de la paix. D'Alcudia partage toujours son tems, entre elle et les affaires publiques ; mais cette conduite uniforme n'est plus curieuse et remarquable, et l'on peut terminer ici les amours de cette reine.

FIN.

www.ingramcontent.com/pod-product-compliance
Ingram Content Group UK Ltd.
Pitfield, Milton Keynes, MK11 3LW, UK
UKHW012035240726
13965UKWH00003B/801